イエスの福音への招き

岡田武夫

フリープレス刊

はじめに

「宗教はなぜ必要なのか」という表題の著書があります（島田祐巳著、集英社）。「キリスト教は役に立つか」という表題の本も出されています（來住英俊著、新潮選書）。一方、「神を信じないクリスチャン」を自称する著名な聖書学者がいます（田川健三氏）。

宗教の衰退が識者によってさまざまに論じられています。わたしたちが生きる現代、果たして宗教は信じられるでしょうか？

現代人にとって宗教は意味のある存在でしょうか？　非常に世俗化の進んだ現代日本において、果たして「神」を信じるということは可能でしょうか？　信じるためにはどんな困難があるのでしょうか？

そもそも神は存在するのでしょうか？　神が存在するとはどういうことでしょうか？　「神」とは何でしょうか？

右の疑問に、納得してもらえるような回答は難しいと思います。畢竟《ひっきょう》、人は信じるか信じないかを自分で決めるしかないとも思います。

若きとき、わたくし自身もこの問題に悩みました。
迷信と信仰の違いはどこにあるのか？
信じる根拠は何であるのか？
現代の状況と自分の環境を考え、あらためてそのような問題・疑問・課題に一宗教者、一キリスト者として応えるため、たとえ細《ささ》やかなものであっても、試論を提供することは自分の大切な責務だと考えるに至りました。本書はそのささやかな第一歩です。

神の存在を信じ、イエス・キリストを救い主と信じる人々の集まりがキリスト教の教会ですが、その「教会」の過去と現在の姿を見るとき、人々の中に、神の存在とキリストを信じることについて違和感はないでしょうか？　あるとすれば、どんな問題、どんな疑問が感じられているのでしょうか？

『学校の「世界史」で学ぶ〝教会の歴史〟は、イエス・キリストの姿を忠実に表わしていないように思う』と感じる人が少なくありません。イエスの教えと、〝きわめて人間的な試行錯誤〟を繰り返してきた教会の在りようの間に、大きな差異を直感するからです。

では、歴史上の人物であるイエス・キリストはどのように生き、何を教え、どのようにして自分の後継者たちを養成したのでしょうか？

右のような疑問や課題を心のうちに抱えながらキリスト教に多少の関心を持っている方々、あるいは否定的な意見・見解を持っている方々に向かって、わたくしの率直な思いと考えを伝えたいと願い、このささやかな冊子を編みました。

カトリックの司祭・司教として、わたくしが最も重要と考えてきた課題は、「いかにすれば、人々の日々の暮らしとキリストの教え、聖書の言葉、教会のメッセージを触れ合わせ、結びつけることができるか」ということでした。

人はこの世に生を受け、人生の歩みを重ね、そして死という厳粛な事実に出会います。その間、数々の苦難を体験します。こうした一生の中で、イエスという人の存在と生涯はどんな意味を持ち、どのような支え、助けになり得るのでしょうか。

かつてわが国では、年間に3万人もの人が自死を遂げていました。1998年から14年間にわたり、自殺者数が3万人を超えていたのです。その後、行政と民間の諸機関・諸団体・専門家などの努力の成果が上がったからでしょうか、年間3万人を切る数字とはなっています。しかし依然、若い世代の自殺は多く、未遂者の数はさらに多いと推定されます。日本は非常に治安のよい国ですが、それでも人々の心の中には、何か閉塞感《へいそくかん》が宿っているのではないでしょうか。

このような社会状況下にあって、宗教者の果たすべき役割が期待されています。若い世代の心を蝕《むしば》む人生の困難と悲嘆、空虚といった体験に、キリスト教はどのように答えることができるでしょうか？　このような問題への回答への手掛かりとなってほしいという願いを込めて、本書を準備しました。

本書はわたくしが司教として行っている折々の説教や講話を骨子として、次のように構成されています。

第一章は、神の存在を信じることの難しさを扱っています。

第二章は、その難しさの中でも多分第一であろうと思われる「悪」の問題、すなわち「この世界に悪が存在している」という問題を取り上げ、それを克服するヒントを提示しています。

第三章では、キリスト教成立の根拠である「イエスの復活」という信仰の核心について、福音書の証言を取り上げました。

第四章は、カトリック教会の主日（日曜日）のミサ中に読まれる福音書の中から12箇所を選び、イエスがどう生きたか、何を説いたかについて、寸描を試みています。

第五章は、イエスの弟子たちにイエスが与えた重要な賜物である「平和」について、その本質と、実現のための手がかりを述べています。

第六章には、既に洗礼を受けている信者の皆さんに対して、その生き方がより豊かなものとなるようにという願いと期待を込めてしたためました。


本書は多くの方々に、ナザレのイエスという人との出会いを促《うなが》すものです。

イエスの生き方――教えや行動――が、本書を手に取られた方の人生に何らかの光、意味を見出すための端緒として役立つなら、わたくしにとって大きな喜びです。

申し上げるまでもなく、本書はキリスト教信仰入門への道案内に過ぎません。聖書や教理についてさらに知りたい、とお思いの方のためには、多数の優れた詳しい内容の著作物がありますし、全国のカトリック教会が扉を開いてお待ちしています。どうかご活用ください。

２０１８年　降誕節に

岡田武夫

イエスの福音への招き

目次

第一章

現代人は神を信じ得るか

第1節　「神」とはこんな方

イエスが教えた神と、人間が考え出した〝神〟

果たして現代人は神を信じることができるでしょうか？　できないとすればそれはなぜでしょうか？　そもそも「神」とは何でしょうか？

日本語で「神」というとき、そのことばの定義は非常にあいまいです。

キリスト教信者が「あなたにとって神とは？」と問われるならば、彼らにとっての神は聖書に出てくる神、イエス・キリストの教えている神を指しています。

イエス・キリストが教えてくださった神は、すでにイスラエルの人々が信じていた神と同じ神です。同じ神ですけれども、そこには信仰の発展が投影されています。

そして発展の延長上で、イエスが地上を去るときに「教会」が造られ、その教会が、地上でイエスから託された使命を遂行することとなりました。教会は〈神を信じる民の共同体〉として、現在もなお、世界中でその使命である宣教、福音化を行っています。

ところで、神とはどういう方なのか、実のところ人間にはよく分からないという現実があります。人間には「神のすべて」を理解することはできません。しかし、まったく分からないというわけでもありません。神の働きは、神が造られたもの（「被造物」といいます）の中に反映されているので、世界の中にちりばめられた「真」「善」「美」を通して、ある程度は神を知ることができます。そして何よりも人間の中に――神を信じて生きている人々の胸の中に――神の姿が反映している、とわたしたちは信じます。

とはいえ、何といっても被造物である人間にとって、神は神秘です。人間には神のことがよく分かりません。分からないから、あちら側――すなわち神のほう――からわたしたちに、ご自分をお示しになります。それが「啓示」です。

神はご自身がどんな方であるかを、長い救いの歴史の中で、少しずつ教えてくださっています。一度に全部を教えても、とても分からないだろう、受け入れられないだろう、ということで、小出しにしながら、いろいろな機会に、いろいろな人を通してお示しになっているのだと思われます。

わたしたちの神は信仰の神、人が信じている神――なのですけれども、その前に、現代人は頭の中で「神」の像を思い描くという作業を厭《いと》いません。その結果、たとえば哲学者が机上で考えて、「神とはこうだ」「ああだ」と、〝神〟の像をひねり出します。

しかし福音書の中でイエスが教えておられる「神」は、人間が頭で考えた神ではなく、神の方から人間に語りかけ、御自身を示してくださる、そういう神なのです。

第2節　「神」という言葉が誤解のもと

同じ漢字表記で生じた〝紛《まぎ》れ〟

ここで、「神」[注1]という言葉について、少し考えてみましょう。神は、ラテン語ではDEUS（デウス）です。キリシタンの時代、DEUSを日本語で何という言葉に翻訳すべきか、宣教師も信徒たちも困ってしまいました。キリストが教えられた「神」の概念が、（もちろん日本語の語彙《ごい》としても）それまで日本になかったからです。日本に来た福音宣教者たちはそれを知ったとき、きっと悩んだことでしょう。よく日本語が分からないながらも、どういう日本語で説明したらよいかを考え、いろいろとやってみたようです。

日本には古来、神道が掲げる「神」という言葉がありました。〝八百万《やおよろず》の神〟というときの〝神〟です。しかしその概念はイエスが教えられる「神」とは全く違うものなので、DEUSの訳語として「神」という表現を使うと誤解されてしまうと判断され、結局「デウス」というカナ表記に落ち着いたようです。

他にも、どんな日本語にしたらよいか分からない用語がたくさんあったので、それらを含め、「ラテン語（ないしポルトガル語）の発音を、日本人が口にしやすい発音で表記する」という方針が、自然の成り行きとして定着したのではないかと思います。たとえば当時、「神父」という言葉もありませんでした。そこでポルトガル語の発音を日本語風に表記して「パアデレ」という言い方になったようです。[注2]「神父」とか、あるいは現代教会でわたしたちが使っているたくさんの用語の日本語表記は、明治時代になってキリスト教の宣教が再開されたとき導入された言葉が主《おも》です。多分、中国に由来する漢字表記の援用だったのでしょう。他の語意との間に紛《まぎ》れが生じないという意味では、キリシタン時代の用語の方がよかったかもしれません。

ともかくもキリシタン時代には、いろいろなキリスト教用語がほぼ原語、または宣教者の母国語に近い形の発音で表記・音声化され、それがそのまま日本人の口に馴染《なじ》み、浸透していきました。「神」という言葉も、第二バチカン公会議前の日本では「天主」と言うのが普通だったわけで、昔の「痛悔の祈り」では「ああ天主、われ、主の限りなく嫌い給う罪をもつて……」[注3]というように祈っていました。

前述したように、日本語で「神」というと、いろいろな対象を指し示すことになります。「八百万の神」という神道の「神」をはじめ、「軍人」「偉人」なども「神」として祀《まつ》られています。「傑出した人間」をその死後、抵抗なく「神」と呼んできたこの国の人々にとって、キリストが紹介する「神」は全く異質の概念です。特別な力を持った人や亡くなった人が、生きているわたしたちの上に及ぼす良い力、悪い力――そういうものを持っている存在を、日本人は「神」と呼んできました。一例を上げれば、学問の神様として知られる天神・菅原道真公も、裏を返せば政敵であった藤原氏に貶《おとし》められ、讒言《ざんげん》されて左遷の憂き目に遭い、裏切られて亡くなったので、その怨《うら》みによって起こる災害を避けるため、後世の人々が「天神」として祀《まつ》った、といういわれがあったりします。「どうぞ怨みを捨ててください、お鎮《しず》まりくださいい」という願いを込めて神社を建て、菅原道真の霊を宥《なだ》めたというわけです。

いろんな神がいるので、わたくしは神社に行ったときに、この神社にはどういう神が祀られているのだろうかと掲示板や石碑で確かめてみることがあります。現代の人々、とくに若い世代はほとんど、誰が神として祀られているかに関心がないようです。私がかつて調べてみたところによると、埼玉県大宮市にある氷川神社の場合、祭神は、「須佐之男命《スサノオノミコト》、稲田姫命《イナダヒメノミコト》、大己貴命《オオナムチノミコト》」となっていて、八百万の神のうちお三方がおわしますとのこと。「神」理解に関する限り、日本人の懐《ふところ》の深さを知らされる思いです。

それなのに、なぜキリスト教の神を「神」と訳したのか。いまさらどうしようもないのですが、デウスに「神」という訳語を充《あ》てたことが、日本人大衆の「神」理解に誤解を与えているのかもしれません。

見てきたように、日本語の「神」という言葉は誤解されやすい言葉です。しかし、「神」がどう誤解されているかを、わたしたちは周囲の人々に十分説明できるでしょうか。在来語の〝神〟と聖書の「神」とは全く別の意味内容であることすら、キリスト者であるわたしたちはよく分かっておらず、それが隣人に福音を伝えるときの障害になっているのではないでしょうか。

第3節　ダビデという人の場合
——神の前に罪を認め、赦しを祈り求めた男

「悪」の概念、日本人とダビデの違い

カトリック教会の「教会の祈り」では金曜日（第一金曜日、朝の祈り）に、ダビデの痛悔の祈りの詩編、詩編51を唱えます。注5

ダビデという人は最も華やかで立派な英雄、かつ敬虔な王として有名ですが、ダビデはまた、途方もなく大きな過ちを犯した人物でもありました。そのことを聖書は隠蔽《いんぺい》せずにきちんと記し、伝えています。人間の犯すいろんな罪の中で代表的な重罪は、姦通と殺人ですが、ダビデはこの姦通と殺人という大罪を犯した、とんでもない王なのです。しかし他方でその王は、イスラエルの歴史の中で最も有名であり、尊敬されてもいます。

それはなぜでしょうか。

ダビデという人は、預言者ナタンから諌《いさ》められて、自分の過ちを認めました。怒りに任せてナタンを成敗する、ということをしませんでした。怒る代わりに首《こうべ》を垂れ、「わたしは罪を犯しました」と認めたのです。そこが偉い、というのが後世の評価です。他人から自分の過ちを指摘されると、大概の人は頭に血が上って前後の見境なく怒ったりするのですけれども、彼はナタンの

指摘を率直に認めました。

ダビデの放埓《ほうらつ》ぶりを物語るエピソードがあります。彼は部下の妻を見てその女性を欲しくなり、奪ってしまったのです。そしてその人妻が妊娠したので、そのままでは具合が悪いからと、彼女の夫の実子にしようとしました。ところがその夫・ウリヤは生来の無骨・実直な人で、「仲間がまさにいま戦場で戦っているそのときに、自分だけ家に帰って、妻と一緒に寝るわけにはいかない」と考える、戦士の鑑《かがみ》みたいな人でした。それでダビデは、ウリヤが戦場で殺されるように仕向けます。結局ダビデは美しい部下の妻を奪い、その夫を戦場で死に至らしめました――　これは有名な話で、旧約聖書のサムエル記・下に記録されています。[注6]

このエピソードの場合、ダビデは誰に悪いことをしたかというと、まず夫・ウリヤに対して罪を犯しています。通常なら夫に謝って償いをするところです。部下の兵士たちが戦場で命の危険を冒《おか》して闘っているのに、自分だけのうのうと楽をし、勝手に振る舞ったのですから「皆にも申し訳ないことをした」と反省し、詫びるべきでしょう。しかしダビデは「神よ、わたしはあなたに罪を犯した」と言っているものの、他にお詫びの言葉はありません。

もっとも、カトリック教会では今も、ミサの始まりの時に「告白の祈り」をしますが、その祈りの言葉は、「全能の神と兄弟の皆さんに告白します。わたしは思い、言葉、行い、怠りによってたびたび罪を犯しました」というもの。具体的な「罪状」を並べずに済ませるところはダビデと同じです。いえ、そこにダビデほどの痛悔の念があるかも疑わしい「軽いノリ」で、全能の神と信仰を同じくする仲間たちに赦しを願っている傾向はないでしょうか。確かに「兄弟に告白する」という言葉はあるのですが、しかし信者は、本当に「兄弟にお詫びするこころ」を持ってそう言っているでしょうか。また本当にダビデのように、まず「神への罪を犯した」と悔いながら告白しているでしょうか。「ちょっと具合の悪いことをした」とか、「あの人を怒らせてしまった、悪かったな」とか思っている程度ではないでしょうか。「神に対する罪を犯した」と心から思っているかというと（わたくし自身を振り返って言うのですが）、あまり自信がないようです。本当に「わたしは神に対して罪を犯したのだ」と思うためには、自分の心の中にいつも神の存在が強くあるようでなければなりません。

ダビデには、少なくともそれはありました。もちろん彼の罪は大罪ですが、その大罪を、まず神に対して犯したのだと彼は意識していたので、「神よ、わたしはあなたに罪を犯した」という言葉が、とっさに口を突いて出たのです。

通常、日本人の倫理観に照らして「悪いこと」と言えば、日本の法律で規定され懲罰の対象となるような犯罪、刑法などの法令に触れて摘発される犯罪が連想されます。もう少し範囲を広げて「悪」という場合は、犯罪とは言えないものの、道徳的・倫理的に許されない「よくないこと」である、と多くの人が自覚しています。そしておそらく日本人の場合、それは「世間的にまずいこと」「恥ずかしいこと」「知られたら具合が悪いこと」などが該当する、と考えられています。

この感覚は日本人の暮らしと倫理観をよく表わしており、具合の悪いことをしてしまった時の

「世間をお騒がせして申し訳ない」という表現などに現われています。しかしそこには残念ながら、ダビデの言う「神」は存在していません。その結果、心の中で想った悪い考えも、人に知られなければ問題ではない――という感じ方に繋がってしまいます。「わたしは今、すべての人の心を見通している神に対する罪を犯した、と考えているだろうか」と自問すれば、その辺が実はあいまいであることに気づくことになるのです。

第4節「イスラエルの民の神」から人類の神へ
――バビロン捕囚の体験と信仰

詩編が示す「祈りの核心」

イスラエルの民は、「バビロン捕囚」という痛烈な体験をしました。紀元前6世紀、人々はバビロニアというところに強制移住させられ、そこで約70年を過ごします。その時の深刻な体験から、「主なる神」への信仰が研《と》ぎ澄まされ、清められ、深められました。旧約聖書は、バビロン捕囚の体験をもとに編纂《へんさん》されたものではないかと言われています。伝承として「神の話」はそれ以前から伝えられていましたけれども、巻物として編纂されたのはバビロン捕囚の頃、あるいはその後らしいのです。

「教会の祈り」で唱える詩編の祈りのなかに、「お前の神はどこにいるのか」と嘲《あざけ》りを受ける場面を刻んだ祈りがあります。

――「お前はわたしたちのとりこになっているではないか。神はどうして、あんたたちを助けないのだ。どこで何をしているのだ」と言われて、「本当に骨身に堪《こた》える。神よ、わたしは敵からこんなことを言われているのですよ」と、神に向かって訴える――

神を信じ、神に向かって言っているわけで、神に訴えたり嘆《なげ》いたりしています。それもイスラエルの民が神を信じているからであって、そういう信仰がなければ、「神も仏もあるものか」ということになるでしょう。どうも、「お前の神はどこにいるのか」と言われて、「わたしは本当に参っています」と神に訴えているあたりが、詩編の祈りの核心であるようです。[注7]

わたしたちも信者として、神に対して罪を犯したときには（この「罪」という言葉もなかなかしっくりこないのですが）、「神よ、わたしはあなたに背きました、どうかお赦しください」と祈ります。わたくし自身はいつもそうしています。そうしないと心の平安が得られません。それがわたしたちの信仰です。

しかし率直に言って、わたしたちはむしろ、神との絆《きずな》よりも人間関係、周りの人との関係の方を気にしているのではないか、という気がします。誰とも気まずくならないように、あちらに気を使い、こちらにも気を使って、円満な人間関係を維持しようとしているのが現実ではないでしょうか。「そうしないと人間関係が破綻《はたん》してしまい、にっちもさっちもいかなくなる」と考えています。そこで、その場の空気を読み、その時の流れに乗って、自分に都合の良さそうな方に行こうとする――　これが、誰しもの胸の内にある思いで、そうした思いを交錯させながら社会生活を営んでいます。

しかし神を信じる人にとっては、「神と自分の関係はどうか」ということこそが何より大事なのであって、「人がどう思うか」は二の次であるはずです。

わたしたちは、建前として、他の何よりも神のお望みを第一にすることを宣言しているはずですが、どれだけ実行しているでしょうか。ダビデのように、「神の前で無条件に自分の在り方を深く反省する」という生き方を実行するのは、ことのほか難しいようです。

注1　「広辞苑」第七版によれば【神】とは次にように説明されている。①人間を超越した威力を持つ、隠れた存在。人知では測ることのできない能力を持ち、人類に禍福を下すと考えられる霊。人間が畏怖し、また信仰の対象とするもの　②日本の神話に登場する人格神　③キリスト教やイスラム教などの一神教で、宇宙と人類を創造し、世界の運行を司る、全知全能の絶対者。

注2　「新カトリック大事典」の【キリシタン版】参照。

注３　以前の「痛悔の祈り」は以下のとおり。「ああ天主、われ、主の限りなく嫌い給う罪をもって、限りなく愛すべき御父に背き死を深く悔やみ奉る。御子イエズス・キリストの流し給える、御血の功徳によりて、わが罪を赦し給え。聖寵の助けをもって今より心を改め、再び罪を犯して、御心に背くことあるまじと決心し奉る。アーメン」。「天主」はDEUSの漢訳といわれている。「広辞林」の【天主】の項。

注４　注1の「広辞苑」の【神】より。④神社などに奉祀される霊。⑤人間に危害を及ぼし、怖れられているもの。

注５　詩編51の新共同訳聖書では次のようになっている。

51:2　ダビデがバト・シェバと通じたので預言者ナタンがダビデのもとに来たとき。

51:3　神よ、わたしを憐れんでください／御慈しみをもって。深い御憐れみをもって／背きの罪をぬぐってください。

51:4　わたしの咎《とが》をことごとく洗い、罪から清めてください。

51:5　あなたに背いたことをわたしは知っています。わたしの罪は常にわたしの前に置かれています。

51:6　あなたに、あなたのみにわたしは罪を犯し、御目に悪事と見られることをしました。あなたの言われることは正しく、あなたの裁きに誤りはありません。

51:7　わたしは咎のうちに産み落とされ、母がわたしを身ごもったときも、わたしは罪のうちにあったのです。

51:8　あなたは秘儀ではなくまことを望み、秘術を排して知恵を悟らせてくださいます。

51:9　ヒソプの枝でわたしの罪を払ってください、わたしが清くなるように。わたしを洗ってください、雪よりも白くなるように。

51:10 喜び祝う声を聞かせてください、あなたによって砕かれたこの骨が喜び躍るように。
51:11 わたしの罪に御顔を向けず、咎をことごとくぬぐってください。
51:12 神よ、わたしの内に清い心を創造し、新しく確かな霊を授けてください。
51:13 御前からわたしを退けず、あなたの聖なる霊を取り上げないでください。
51:14 御救いの喜びを再びわたしに味わわせ、自由の霊によって支えてください。
51:15 わたしはあなたの道を教えます、あなたに背いている者に、罪人が御もとに立ち帰るように。
51:16 神よ、わたしの救いの神よ、流血の災いからわたくしを救い出してください。恵みの御業をこの舌は喜び歌います。
51:17 主よ、わたしの唇を開いてください。この口はあなたの賛美を歌います。
51:18 もしいけにえがあなたに喜ばれ、焼き尽くす献げ物が御旨にかなうのなら、わたしはそれをささげます。
51:19 しかし、神の求めるいけにえは打ち砕かれた霊。打ち砕かれ悔いる心を、神よ、あなたは侮られません。
51:20 御旨のままにシオンを恵み、エルサレムの城壁を築いてください。
51:21 そのときには、正しいいけにえも、焼き尽くす完全な献げ物も、あなたに喜ばれ、そのときには、あなたの祭壇に／雄牛がささげられるでしょう。

注6　ダビデの罪と悔い改めの物語はサムエル記下11～12章で述べられています。以下に提示します。

11:1 年が改まり、王たちが出陣する時期になった。ダビデは、ヨアブとその指揮下においた自分の家臣、そしてイスラエルの全軍を送り出した。彼らはアンモン人を滅ぼし、ラバを包囲した。しかしダビデ自身はエルサレムにとどまっていた。
11:2 ある日の夕暮れに、ダビデは午睡から起きて、王宮の屋上を散歩していた。彼は屋上から、一人の女
が水を浴びているのを目に留めた。女は大層美しかった。
11:3 ダビデは人をやって女のことを尋ねさせた。それはエリアムの娘バト・シェバで、ヘト人ウリヤの妻
だということであった。
11:4 ダビデは使いの者をやって彼女を召し入れ、彼女が彼のもとに来ると、床を共にした。彼女は汚れか
ら身を清めたところであった。女は家に帰ったが、
11:5 子を宿したので、ダビデに使いを送り、「子を宿しました」と知らせた。
11:6 ダビデはヨアブに、ヘト人ウリヤを送り返すように命令を出し、ヨアブはウリヤをダビデのもとに送っ
た。
11:7 ウリヤが来ると、ダビデはヨアブの安否、兵士の安否を問い、また戦況について尋ねた。
11:8 それからダビデはウリヤに言った。「家に帰って足を洗うがよい。」ウリヤが王宮を退出すると、王の
贈り物が後に続いた。
11:9 しかしウリヤは王宮の入り口で主君の家臣と共に眠り、家に帰らなかった。
11:10 ウリヤが自分の家に帰らなかったと知らされたダビデは、ウリヤに尋ねた。「遠征から帰って来たので
はないか。なぜ家に帰らないのか。」
11:11 ウリヤはダビデに答えた。「神の箱も、イスラエルもユダも仮小屋に宿り、わたしの主人ヨアブも主君

の家臣たちも野営していますのに、わたしだけが家に帰って飲み食いしたり、妻と床を共にしたりできるでしょうか。あなたは確かに生きておられます。わたしには、そのようなことはできません。」
11:12 ダビデはウリヤに言った。「今日もここにとどまるがよい。明日、お前を送り出すとしよう。」ウリヤはその日と次の日、エルサレムにとどまった。
11:13 ダビデはウリヤを招き、食事を共にして酔わせたが、夕暮れになるとウリヤは退出し、主君の家臣たちと共に眠り、家には帰らなかった。
11:14 翌朝、ダビデはヨアブにあてて書状をしたため、ウリヤに託した。
11:15 書状には、「ウリヤを激しい戦いの最前線に出し、彼を残して退却し、戦死させよ」と書かれていた。
11:16 町の様子を見張っていたヨアブは、強力な戦士がいると判断した辺りにウリヤを配置した。
11:17 町の者たちは出撃してヨアブの軍と戦い、ダビデの家臣と兵士から戦死者が出た。ヘト人ウリヤも死んだ。
11:18 ヨアブはダビデにこの戦いの一部始終について報告を送り、
11:19 使者に命じた。「戦いの一部始終を王に報告し終えたとき、
11:20 もし王が怒って、『なぜそんなに町に接近して戦ったのか。城壁の上から射かけてくるとわかっていたはずだ。
11:21 昔、エルベシェトの子アビメレクを討ち取ったのは誰だったか。あの男がテベッで死んだのは、女が城壁の上から石臼を投げつけたからではないか。なぜそんなに城壁に接近したのだ』と言われたなら、

『王の僕ヘト人ウリヤも死にました』と言うがよい。」
11:22 使者は出発し、ダビデのもとに到着してヨアブの伝言をすべて伝えた。
11:23 使者はダビデに言った。「敵は我々より優勢で、野戦を挑んで来ました。我々が城門の入り口まで押し
返すと、
11:24 射手が城壁の上から僕らに矢を射かけ、王の家臣からも死んだ者が出、王の僕ヘト人ウリヤも死にま
した。」
11:25 ダビデは使者に言った。「ヨアブにこう伝えよ。『そのことを悪かったと見なす必要はない。剣があれ
ばだれかが餌食になる。奮戦して町を滅ぼせ。』そう言って彼を励ませ。」
11:26 ウリヤの妻は夫ウリヤが死んだと聞くと、夫のために嘆いた。
11:27 喪が明けると、ダビデは人をやって彼女を王宮に引き取り、妻にした。彼女は男の子を産んだ。ダビ
デのしたことは主の御心に適わなかった。
12:1 主はナタンをダビデのもとに遣わされた。ナタンは来て、次のように語った。「二人の男がある町にいた。
一人は豊かで、一人は貧しかった。
12:2 豊かな男は非常に多くの羊や牛を持っていた。
12:3 貧しい男は自分で買った一匹の雌の小羊のほかに／何一つ持っていなかった。彼はその小羊を養い／
小羊は彼のもとで育ち、息子たちと一緒にいて／彼の皿から食べ、彼の椀から飲み／彼のふところで
眠り、彼にとっては娘のようだった。

12:4 ある日、豊かな男に一人の客があった。彼は訪れて来た旅人をもてなすのに／自分の羊や牛を惜しみ／貧しい男の小羊を取り上げて／自分の客に振る舞った。」
12:5 ダビデはその男に激怒し、ナタンに言った。「主は生きておられる。そんなことをした男は死罪だ。
12:6 小羊の償いに四倍の価を払うべきだ。そんな無慈悲なことをしたのだから。」
12:7 ナタンはダビデに向かって言った。「その男はあなただ。イスラエルの神、主はこう言われる。『あなたに油を注いでイスラエルの王としたのはわたしである。わたしがあなたをサウルの手から救い出し、
12:8 あなたの主君であった者の家をあなたに与え、その妻たちをあなたのふところに置き、イスラエルとユダの家をあなたに与えたのだ。不足なら、何であれ加えたであろう。
12:9 なぜ主の言葉を侮り、わたしの意に背くことをしたのか。あなたはヘト人ウリヤを剣にかけ、その妻を奪って自分の妻とした。ウリヤをアンモン人の剣で殺したのはあなただ。
12:10 それゆえ、剣はとこしえにあなたの家から去らないであろう。あなたがわたしを侮り、ヘト人ウリヤの妻を奪って自分の妻としたからだ。」
12:11 主はこう言われる。「見よ、わたしはあなたの家の者の中からあなたに対して悪を働く者を起こそう。あなたの目の前で妻たちを取り上げ、あなたの隣人に与える。彼はこの太陽の下であなたの妻たちと床を共にするであろう。
12:12 あなたは隠れて行ったが、わたしはこれを全イスラエルの前で、太陽の下で行う。」
12:13 ダビデはナタンに言った。「わたしは主に罪を犯した」。ナタンはダビデに言った。

「その主があなたの罪を取り除かれる。あなたは死の罰を免れる。
12:14 しかし、このようなことをして主を甚だしく軽んじたのだから、生まれてくるあなたの子は必ず死ぬ。」
12:15 ナタンは自分の家に帰って行った。主はウリヤの妻が産んだダビデの子を打たれ、その子は弱っていった。
12:16 ダビデはその子のために神に願い求め、断食した。彼は引きこもり、地面に横たわって夜を過ごした。
12:17 王家の長老たちはその傍らに立って、王を地面から起き上がらせようとしたが、ダビデはそれを望まず、彼らと共に食事をとろうともしなかった。
12:18 七日目にその子は死んだ。家臣たちは、その子が死んだとダビデに告げるのを恐れ、こう話し合った。「お子様がまだ生きておられたときですら、何を申し上げてもわたくしたちの声に耳を傾けてくださらなかったのに、どうして亡くなられたとお伝えできよう。何かよくないことをなさりはしまいか。」
12:19 ダビデは家臣がささやき合っているのを見て、子が死んだと悟り、言った。「あの子は死んだのか。」彼らは答えた。「お亡くなりになりました。」
12:20 ダビデは地面から起き上がり、身を洗って香油を塗り、衣を替え、主の家に行って礼拝した。王宮に戻ると、命じて食べ物を用意させ、食事をした。
12:21 家臣は尋ねた。「どうしてこのようにふるまわれるのですか。お子様の生きておられるときは断食してお泣きになり、お子様が亡くなられると起き上がって食事をなさいます。」
12:22 彼は言った。「子がまだ生きている間は、主がわたしを憐れみ、子を生かしてくださるかもしれないと思ったからこそ、断食して泣いたのだ。

12:23 だが死んでしまった。断食したところで、何になろう。あの子を呼び戻せようか。わたしはいずれあの子のところに行く。しかし、あの子がわたしのもとに帰って来ることはない。」

注7 「教会の祈り」第4火曜日晩の祈り第一唱和より。以下はその引用。

バビロンの流れのほとりにすわり、
柳にたて琴をかけ、シオンを思い、すすり泣いた。
わたしたちをとりこにした者が歌を求め、
しいたげる者が慰みに
「シオンの歌を歌え」と命じた。
異国の地にあって、
どうして主の歌をうたえよう。
エルサレムよ、お前を忘れるよりは、
わたしの右手がなえたほうがよい。
エルサレムを思わず、最上の喜びとしないなら、
わたしは口がきけなくなったほうがよい。
（詩編137・1−6）

第二章

悪と罪

第1節　なぜ神が造られた世界に「悪」があるのか

現代人が神を信じる上での障害

イスラエルの民は、バビロン捕囚という悲惨な体験の中で、「神が天地万物を創造された」という信仰を持つに至りました。わたしたちにとってみれば、そこで次に当然出て来るのは、〈「善」そのものである神が創造された世界に「悪」が存在するのはなぜか〉という疑問です。前節でも触れましたが、もう少し考えてみましょう。

この地上にはさまざまな悪い現象——大量虐殺、貧困、環境破壊、そして自然災害——が起こり、どんどん増大しているようです。神がいるのなら、どうしてそのような悪が起こるのか、という疑問が湧いてくるのは当然のような気がします。

裏を返せば、現代人が神を信じることを難しくしている原因に「悪の存在」という現実がある、と言うことができそうです。

2011年3月11日、東日本大震災が起こりました。この大災害に際しては、地震学者や防災行政担当者に交じっていろんな宗教の間でも、「こうした災害はどうして起こるのか」という議論が繰り広げられました。それぞれの宗教の奉じる「神」はこの災害をどう思うのか、神が起こしたのか、そうでないとしたらどうして起こったのだろうか――　そういう思いはごく当然の疑問と言えるでしょう。

またそれは、どんな宗教においても昔から議論されてきた〝古くて新しい問題〟です。もし神が正しい方であり、全能の方であり、そして全ての人の幸せを望んでいる方ならば、どうしてこの地上に現われるこうした悲惨な現実を黙認しているのか。神が引き起こしたのか、そうでないならばなぜ、こんな大災害があるのか。次から次へと起こるさまざまな不都合や不幸を、神はなぜ止めようとしないのか……

これらは、キリスト教徒の間でも取り上げられて当然の問題です。わたしたちはこうした疑問にどう答えたらよいでしょうか。それを考えることを「神義論」といいます。旧約聖書の「ヨブ記」は、そういう問題を主題にしています。

東日本大震災が起こった直後に、日本に住んでいるエレナという名の少女の手紙が、教皇のもとに届きました。当時の教皇ベネディクト16世がそれに目を通されたことが話題になりました。

エレナさんの質問は、次のようなものでした。

「わたしたち日本に住んでいる子どもは、非常に怖い目にあっています。どうしてわたしたちはこんな目に合わなければならないのか、教皇様から神様に訊いていただけませんか」

「それは大きくなればわかるよ」とか、「信仰の問題だよ」と応えて片づけることなく、ベネディクト16世は極めて誠実に応えられました。
「日本に住むエレナさん、あなたの仰《おっしゃ》ることはよく分かります。本当にそういう疑問を持ちますよね。実はわたしも答えを見出せずにいるのです」
「そういうことは何とかの本に書いてあるから読みなさい」などとは言わず、正直に「どうしてそういうことが起こるのか分からない」と言われたのです。「いつか分かる時が来るかもしれませんが、今はわたしにも分かりません。でも、神様は皆さんの苦しみをご存知です。それから世界中の人々が、日本で起こった不幸な災害を知って心を痛めています」と、おおよそそのような返事をされました。

この話を聞いてわたくしの心に響いたのは、「わたしにも分からない」という返事でした。ベネディクト16世の、教皇就任前の名はラッツィンガー。教理省長官を四半世紀も務めた大変な学者ですが、教会のトップに立つ謙虚な牧者として、そのように回答[注8]されたのです。

ギリシャ人の考える「神」は「完全な存在」です。「不動の動者」とも表現され、動かされることがなく、変化せず。そしてあらゆるものを司《つかさど》っておられます。すべてのものは神から派出し、すべての出来事の原因は、最終的には神にたどり着く、そんな存在として神は認識されており、これを裏返せば「完全である」ということは「欠けたところがない」わけだから、分からないとかできないとかはあり得ない。できないというのでは、もう全能の神ではないことになる――という論法のようです。

わたしたちは実際のところ、神とは何であると思っているでしょうか。ニケア・コンスタンチノープル信条[注9]という「信仰告白の信条」があり、現在もミサの中で唱えられています。「わたしは、天と地、見えるもの、見えないもの、すべてのものの造り主である全能の父である神を信じます」と、わたしたちは信仰告白しているのです。

すべては神によって造られた――といっても、ひとりイエス・キリストだけは、造られたのではなく、「生まれた者」です。だからわたしたちは祈りの中で、イエスについて「神よりの神、光よりの光、まことの神よりのまことの神、造られることなく生まれ、父と一体である」と宣言します。

「父と一体」とは、理解することのむずかしい概念です。一口に「同一本質」とも訳されますが、ギリシャ語のラテン語訳では「CONSUBSTANTIALIS」（コンスブスタンツィアリス）という語が当てられています。そうやってギリシャ人はイエスの概念を自国語で定義しました。ソクラテス、プラトン、アリストテレスなど偉大な哲学者を輩出した国ですので、彼らが使う難しい用語を使って神のことを説明しようとしたのですが、わたしたち日本人にとってすんなり理解することはかなりむずかしく、そう言われて「そうなのか」とは思っても、もうひとつ腑に落ちない面があります。

バビロン捕囚という非常に悲惨な現実の中で編纂された「創世記」は、「この世界は神が創ったのであり、限りなく善である神が創ったこの世界は、善い世界である」と信仰を告白しています。神の創造の働きは六日間にわたって行われ、六日目にご自分の造られた世界をご覧になった神は「それは極めて良かった」[注10]と思われた、と書かれています。

どうして「この世界は極めて良い」のでしょうか？　これもまた、根本的な疑問です。わたしたちが周囲の人に訊《き》かれたとき、どう説明すればよいのでしょうか。「極めて良い世界」で、殺人やさまざまな犯罪が起こるのはなぜ？　同じ神を信じているはずのキリスト教徒、イスラム教徒があちこちで殺し合いをしていて、日本人が巻き添えになっているのはなぜ？　日本人が過激な集団に処刑される場面が、インターネットを通して世界中に出回るという、信じられないような残酷な事実があります。「それらは、神を信じている人がやることか」というように思うわけです。

第2節　神の怒りと神の慈しみ

「わたしは『ある』というものだ」

神が存在するとはどういうことか——　キリスト者が「神」というとき、その念頭にあるのは、

「アブラハムに現われた神」です。旧約聖書の中でアブラハムという人物は非常に重要な存在で、三つの一神教――ユダヤ教、キリスト教、イスラム教――が、共通に尊敬している重要人物です。
また旧約聖書に登場する人物の中に、モーセという人がいます。旧約で一番重要な人物はモーセという人かもしれません。このモーセに現われた神は、モーセが「あなたのことを他の人にどう話したらいいか……　あなたの名前は何ですか」と訊いたのに対し、「わたしは『ある』というものだ」と返事されました。注11「わたしはある」が名前だと言われても、分かったような、分からないような……　そこで、この「神の自己紹介」について少し考えてみましょう。

まず、「ある」という言葉は、そこに「ただ物体があるように在る」のではなく、神はこの世界の現実を把握し、すべてを承知でこの世界を動かし、かつ世界を神の御心《みこころ》に従って創る働きである「創造」を行っている――という意味に解釈できます。

聖書のいろんな箇所に、「ああ、神様がおられた」とか「神が働いてくださった」とかの表現を用いて信仰告白するところがあります。キリスト信者の中にも、洗礼を受ける前後の時期に「神様はいるのだ」「神様はわたしにこうしてくれた」とか「こういう時にわたしは神様を感じた」、あるいは具体的に「誰かを通して神様が働いてくれた」と思う体験の持ち主が少なくないと思います。神は霊ですから見えませんけれども、神の働きはいろんな人を通して伝わるわけで、それが「本当に神はいらっしゃるのだな」という体験に繋がっているわけです。

そしてその体験を他の人に自分の言葉で話せば、相手の方は「難しい本を読んでも仕方ないけれど、現に今、目の前にいる人がその神に支えられ、神に救われるという体験をしている、と言っているのだから、やはり神様はいるのかな」とか、「わたしも神様のことをもっと知りたい」と思ってくださるのではないでしょうか。

神の痛みの愛

モーセに働きかけられた神は、エジプトで奴隷の状態に貶《おとし》められ苦しめられていたイスラエルの民を解放するため、彼らの中にモーセを派遣されました。そしてシナイ山で、十項目の「人生を律する神の掟」、すなわち「十戒」を授けられます。

しかしイスラエルの民はこの神の御心《みこころ》に背いて神の掟を蔑《ないがし》ろにし、何度も何度も神を裏切るのです。

実際、神の御心への背信を繰り返すのが、イスラエルの民の歴史です。旧約聖書によると、だんだん神と人との間は疎遠《そえん》になり、神は人々の背きに対して怒りを表明します。これを人々の側から見ると「正義の神」「不義を罰する神」という理解がだんだん深まっていき、イスラエルの民の中で、神の怒りを恐れる思いが強くなっていったようです。

「エゼキエルの預言」などには、「もう神は激しく怒り狂っている」というような表現が出てきます。

「わたしは、お前に慈しみの目を注がず
憐みをかけることもしない。

お前の行いにわたしは報いる。

お前の忌まわしいことはお前の中にとどまる。

そのとき、お前たちはわたしが主であることを知るようになる。」（エゼキエル７－４）

これだけ言っても聞かないのだから、あとはどんな目にあっても知らないぞ――というような感じで、神は怒りを民に告げておられます。

それでは怒りに任せて神はイスラエルを罰されるのかというと、そうでもありません。次に挙げるのが代表的な箇所で、「神はイスラエルを深く憐れむ」という言葉が、預言者を通して伝えられるのです。

「ああ、エフライムよ
お前を見捨てることができようか。
イスラエルよ
お前を引き渡すことができようか。
アドマのようにお前を見捨て

ツェボイムのようにすることができようか。
わたしは激しく心を動かされ、
憐みに胸を焼かれる。
わたしはもはや怒りに燃えることなく
エフライムを再び滅ぼすことはしない。
わたしは神であり、人間ではない。
お前たちのうちにあって聖なる者。怒りをもって臨みはしない。」（ホセア11－8～9）

神が自問自答して、「やっぱり、今怒って滅ぼすことは止《や》めておく」というのです。神だったら、いったんこうと言ったらそれ以外のことはあり得ないのに、「こうすると思ったけど、思い直す」というのです。

なんだか心が揺れ動いているような感じで、それでも神と言えるのかな、と考えたくなるところです。激しい調子で「それではいけないよ」と仰《おつしや》るのだけども、また反面、「そう言ったら可哀そうだな。身も蓋《ふた》もないので、こうしなさい、ああしなさい。もう一回やらせてあげる」と、耐え難きを耐え、忍び難きを忍んでおられる態度です。

ここで、日本人の神学者で世界的にも有名になった北森嘉蔵という神学者を紹介したいと思います。彼はアジア・太平洋戦争の頃、あの軍国主義一色の時代に繰り返し聖書を読み、特に旧約聖書を読むなかで、以下に掲げるエレミヤの言葉を発見しました。

「エフライムはわたしのかけがえのない息子
喜びを与えてくれる子ではないか。
彼を退けるたびに
わたしはさらに、彼を深く心に留める。
彼のゆえに、胸は高鳴り
わたしは　彼を憐れまずにはいられないと
主は言われる。」（エレミヤ31－20）

これは新共同訳聖書のテキストですが、北森さんが引用している昔の文語訳のほうが、格調高く感じられます。

「我、彼に向かいて語るごとに、彼を念《おも》わざるを得ず。是《これ》をもて、わが腸、彼のために痛む、我必ず彼を恤《あわれ》むべし。」

文語訳ではこのように訳されていて、神様が心を痛めておられることがよく分かります。そこから北森さんの代名詞となった「神の痛みの神学」という言葉が出てきたのだろうと思います。

繰り返しますが、ギリシャ哲学の理解で言えば、神は完全な存在であり、神様が悲しんだり苦しんだりするというのはありえないのです。神様が苦しんだり悲しんだりするなら、それは欠けたところのある存在ですから神ではない、ということになります。しかし、聖書の神は悲しみ、心を痛め、苦しむ御方なのです。

カトリック教会には、6月に「イエスのみ心の祝日」というのがあり、「聖心《みこころ》信心」が盛んです。御心とは、槍で貫かれたイエスの心臓です。わたしたちの罪のために傷つき、そして苦しむイエスの愛を示しています。

「神であり人間であるイエス」は十字架の上で苦しみを受けました。だからイエスが苦しむということをわたしたちは知っているのですが、さらにイエスの父である神もまた心を痛めているのだと、「神の痛みの愛」に改めて思いを馳せるために、この祝日が定められています。

第3節　悲惨な体験が想起させる「神の存在への疑問」

与えられた「自由」での選択や決断が『第二原因』となる

他方、人類は歴史上、悲惨な体験を重ねてきました。近・現代を見るだけでも第一次世界大戦、第二次世界大戦、その他の不幸な出来事が思い浮かびます。特に第二次世界大戦のアウシュビッツの大虐殺とかがあって、全く不条理な大量殺戮《さつりく》という出来事を体験しました。また戦後もあちこちで、さらにカンボジアでもポルポト政権によって大量虐殺が行われたのでした。スターリンも毛沢東も大量殺人を行ったと言われます。

1人、2人を殺したら殺人罪で裁かれますが、何百万も殺せば歴史上の偉人、英雄になるのでしょうか?!

これはドストエフスキーの「罪と罰」に出てくる問いかけと同じ疑問です。

当然、「そういう人の存在を、神はどうして許すのか」という疑問が生じます。その延長上で、「神はすべてのものの原因である」という考えに疑問が生じてきます。「悪いことが起こっても、それは神が引き起こしたわけではない。それは理論上ありえない」「悪の下手人は人間である、ということになる」。しかし、その人間を造ったのは神なのです。

そこで、「第二原因」という概念が取り上げられます。「神は物事の第一原因であり、人間は第二原因となる」という考え方です。

「人間には（ある範囲のことではあるが）自由がある。自分で選択し、自分で決断し、自分で行動を決定することができる」ので、それが第二原因となるのです。行為を選択し、決断する結果、その選択や決断は第二原因です。決して神様がこうしなさい、と言われたから悪を選択するわけではないので、悪の原因を神様に帰するわけにはいかないのです。そして、そうした〝悪いこと〟の中で大規模なものが、戦争とか虐殺ということなのです。

このように大量殺人などの悪が連続して起こると、次第に神の存在についての疑問が大きくなって、「神は死んだ」と唱える『神の死の神学』などの説が出てくることになります。しかし、「神は存在する。神は人間の悪にもかかわらずご自分の創造を完成することができる」という信仰がわたしたちの信仰です。このような信仰理解を「終末論」と呼んでいます。

新約聖書のローマ書8章[注12]に出ていますが、人間を含めた被造物は、ある意味でまだ解放されていません。弱く、不完全で、間違いだらけ、ついつい罪を犯したりする存在です。同じように、この世に存在する被造物はすべて滅びへの隷属の状態に置かれています。「この被造物も贖《あがな》われなければならない。まだ贖われていないのだ」と、パウロは考えているようなのです。

「世界は、宇宙の完成へ向かっている」という考え方であり、「(完成へ向かっている＝)完成の途上にある」ということは、今のところまだ完成していない、ということです。

現代人を悩ませる大きな問題の一つに「環境破壊」があります。教皇フランシスコは「ラウダート・シ」という回勅を出して、アシジのフランシスコの「太陽の賛歌」を引用しながら、人間が行っている環境破壊の弊害を説き、「わたしたちが住んでいる共通の家である地球が、神の御心に適《かな》うものとなるよう、神様の考えられる状態、本来の状態に戻す努力をしよう」と呼びかけています。

第4節　悪についてのイエスの教え――毒麦のたとえ

良い麦と毒麦の混在はこの世の表徴

ここで、悪の問題について、イエスが示された有名な「毒麦の譬《たと》え」注13を取り上げましょう。

毒麦とは「麦によく似た雑草」で、見分けることが困難でした。麦の穂が出る時期になると毒麦の穂も出てくるので、その頃になると誰でも容易に区別できるようになります。しかしその前の状態では間違いやすく、毒麦だと思って麦を引き抜いてしまうことがあったり、また根が絡《から》み合っているので毒麦を引き抜くと一緒に良い麦も抜けてしまったりすることになります。パレスチナの農夫にとっては頭痛の種でした。

麦と毒麦が混在している状態は、この世界の現状を表わしています。また同時に、今も世界で日々生活し活動している、わたしたち人間の現実を示しているとも言えましょう。

この世界には悪の力が働いています。神はどうしてすぐにでも悪の存在を消滅させないのか、という議論は歴史上、何度も繰り返されてきました。確かにこの世界には、あってはならない事柄が存在しています。戦争、殺戮、飢餓、紛争、貧困、病気と障害、性犯罪……　そしてわたしたち人間が日々犯している罪の数々。

ここで一つの場面を思い出します。イエスが弟子たちと一緒にエルサレムを目指して進んでおられたときのこと、途中でサマリア人の村を通られました。村人はイエス一行を歓迎しなかったので、怒った弟子のヤコブとヨハネがイエスに言いました。「主よ、お望みなら、天から火を降らせて、彼らを焼き滅ぼしましょうか。」（ルカ９－54）しかし「イエスは振り向いて二人を戒められた。」（ルカ９－55）のです。敵対者をすぐに焼き滅ぼすという態度は、イエスの生き方ではありませんでした。神は忍耐をもって世の終わりまで処罰を行われません。

毒麦の譬え話の中でも、主人はこう言います。

「いや、毒麦を集めるとき、麦まで一緒に抜くかもしれない。刈り入れまで、両方とも育つままにしておきなさい。」（マタイ13－29）

今の世界はまさに、麦と毒麦がそれぞれ育っている状態であるといえしょう。しかし、毒麦の譬えを説明してイエスは言われました。

「（世の終わりが来ると刈り入れが行われ）つまずきとなるものすべて不法を行う者どもを自分の国から集めさせ、燃え盛る炉の中に投げ込ませるのである。」（マタイ13－41）

神はいつまでも悪の存在を見過ごしにされているわけではありません。世の終わりのとき、一人ひとりの人間の生涯の総決算をされます。この世に悪の力が働いていることは確かです。それに屈服することのないよう、わたしたちは絶えず警戒して神の恵みに依《よ》り頼み、すべての悪から守ってくださるように祈らなければなりません。

霊の導きと肉の業

人の心を裁く方は神だけです。神だけが人の善と悪を正しく判断されます。人の外観から人の心を判断してはなりません。「人を裁いてはならない」は、主イエスの教えです（マタイ７－１～６参照）。人は一時的に大きな過ちに陥ることがありますが、反省し、悔い改め、立ち直り、立派な最期を遂げることもできるのです。

実は、わたしたち自身の中に、良い麦と毒麦の双方が存在しています。使徒パウロは霊の導きと肉の業について述べていますが、人には、神の霊である聖霊に従って歩む自分と、霊の導きを拒んで自分の考えや欲望に従って歩むという「肉の奴隷となっている自分」の両方が存在します。

パウロは次のように教えています。

「霊の導きに従って歩みなさい。そうすれば、決して肉の欲望を満足させるようなことはありません。肉の望むところは、霊に反し、霊の望むところは、肉に反するからです。」（ガラテヤ５－16～17）

わたしたちも謙遜に自分の心の動きを調べてみましょう。神は忍耐深い方です。わたしたちもまた、隣人に対して忍耐深くなければなりませんが、同時に自分自身に対しても忍耐を持ちたいものです。自分の中に肉の業があることを認めましょう。

使徒パウロがガラテヤ書の中で諭《さと》した言葉を反芻《はんすう》しながら、「霊に従って歩む」とはどういうことか、考えてみたいと思います（文頭の数字はガラテア書の章と節番号）。

5:16 わたしが言いたいのは、こういうことです。霊の導きに従って歩みなさい。そうすれば、
決して肉の欲望を満足させるようなことはありません。
5:17 肉の望むところは、霊に反し、霊の望むところは、肉に反するからです。肉と霊とが対
立し合っているので、あなたがたは、自分がしたいと思うことができないのです。
5:18 しかし、霊に導かれているなら、あなたがたは、律法の下にはいません。
5:19 肉の業は明らかです。それは、姦淫、わいせつ、好色、
5:20 偶像礼拝、魔術、敵意、争い、そねみ、怒り、利己心、不和、仲間争い、
5:21 ねたみ、泥酔、酒宴、その他この類《たぐい》のものです。以前言っておいたように、ここでも前
もって言いますが、このようなことを行う者は、神の国を受け継ぐことはできません。
5:22 これに対して、霊の結ぶ実は愛であり、喜び、平和、寛容、親切、善意、誠実、
5:23 柔和、節制です。これらを禁じる掟はありません。
5:24 キリスト・イエスのものとなった人たちは、肉を欲情や欲望もろとも十字架につけてし
まったのです。
5:25 わたしたちは、霊の導きに従って生きているなら、霊の導きに従ってまた前進しましょ
う。
5:26 うぬぼれて、互いに挑み合ったり、ねたみ合ったりするのはやめましょう。

第5節　宗教改革者ルターの体験

ルターを悩ませた「自分の罪」

２０１７年という年は、ドイツの修道者マルティン・ルター[注14]が宗教改革を始めて、ちょうど５００年の節目でした。ルターという人は非常に真面目な、アウグスチノ会の修道者で、懸命に祈り、苦行し、そして聖書の勉強をしたことで知られます。特に「詩編」の勉強に打ち込み、やがて詩編の講義をするまでになります。

ルターの悩みは「自分の罪」という問題でした。努力しても、自分の罪が赦されているという確信が得られない。どんなに頑張っても、さまざまな悪い思い、人間としての欲望を絶滅させることができない――そのようなことに悩み続けました。それはそうです。誰にとっても、自分の欲望をいかに制御するかということはその人自身の責任であって、その欲望自体は罪ではない、とわたしたちは教えられていますが、ルターはどんなに頑張っても、自分は「神に義とされる存在」「正しい清らかな信仰深い人間」と認識することができないと考え、悩みました。

ある時、ルターは「詩編」の31－２を開いていて、次の言葉に出会います。

「あなたの義によってわたしを解放してください。」

これは、ギリシャ語をラテン語に訳したヴルガータ訳の聖書による表現を直訳した日本語表記です。この言葉の中の「義」という単語の意味は、たいへん分かりづらいと思います（このように信仰の中核をなす言葉の難しさが、日本の宣教を難しいものにしています）。

「義」という語句を使わないで説明できないか――とルターは考えました。「神様は正しい方なので、正しくないものを排除し、罰する神である。しかし人間はいくら頑張っても、一点の汚れもない『正しく潔白な人』にはなりえない。ダビデなども例外ではなかった。だからこそダビデは、自分が正しくないこと、良くないことをしたと認め、『赦してください、わたしをもう一度清い者に創り直してください』と願ったのだ」と考えを進めたのでした。ルターが開いた詩編31も「ダビデの祈り」となっています。

結論を先に言うと、この「義」というヘブライ語の単語は、「処罰するための義の基準」という意味よりも、「人を贖《あがな》い、救う神の恵み」という意味に解すべき言葉です。ちなみに新共同訳では、次のように訳されています。

主よ、御もとに身を寄せます。
とこしえに恥に落とすことなく
恵みの御業《みわざ》によって　わたしを助けてください。

ずいぶん意訳しているのです。「恵みの御業」と訳されました。

ルターは、「あなたの義によって」の「義」とはキリストのことだと考えました。詩編は、キリストが現われる何百年も前に、すでにキリストのことを言っているのだ、と解釈したのです。そこまで読み込むと、その前後の脈絡は次のように理解しました。

すなわち、キリストがわたしたちの代わりに、わたしたちの救い＝義になってくださる。一方、わたしたち人間はどんなに頑張っても、完全に正しく清らかな存在にはなれない。そこで、義となられたイエス・キリストがわたしたちの罪の結果を引き受けて、わたしたちを「正しいもの」「義に適《かな》うもの」としてくださる。――

これがイエス・キリストへの信仰による「義認」です。しかしこの「義認」という言葉もまた分かりにくい語です。どう説明すべきでしょうか。「イエス・キリストのおかげで、神がわたしたちの至らなさに目を瞑《つむ》ってくれる」「イエス・キリストに免じて赦《ゆる》してくださる」と解釈してよいのか、迷うところです。

「どうしてイエス・キリストは救い主なのですか」と尋ねられた時、本書の読者であるあなたならどう説明されますか。通常、「贖《あがな》い」というキーワードを使って説明しますが、この点がどうにも説明しにくいわけなのです。「それは理屈じゃないのだよ」「そう信じるのだよ」と言ったら、それで議論は終わりです。

一番説得力があるのは、「とにかくわたしはこれで救われました」という体験です。確信のある体験。体験の開示なしに難しい言葉を並べても、相手にはなかなか通じません。多くの場合、聞く耳を持っていただけないでしょう。むしろ、「わたしはこれこれこういうことがあって救われました」あるいは「救われると希望しています」という体験を率直に語ることが大切です。

注8　教皇がテレビインタビューで語った「罪のない者の苦しみ」

イタリア放送協会ＲＡＩが教皇ベネディクト16世に行ったインタビュー「イエスについて」を紹介します。このインタビューは２０１１年の聖金曜日、４月22日午後２時10分からテレビ番組「A sua imagine」で放映されました。この番組の中で、教皇は７つの質問に答えています。教皇がこのような形でテレビ番組に登場し、質問に答えるのは初めてのことです。番組は放送の数日前に、バチカン宮殿内の教皇公邸で収録されました。（以下はカトリック中央協議会・研究企画部署によるイタリア語からの翻訳の引用です。）

質問者　教皇様。ここにおいでくださったことを感謝します。あなたがいてくださることはわたしたちを喜びで満たします。そして今日、教皇様は、イエスが徹底的な仕方でご自身の愛を表わしてくださったこと――すなわち、罪なくして十字架上で亡くなったこと――を思い起こす助けとなってくださいます。

いくつか質問をさせていただきます。第一の質問は、まさにこの「罪のない者の苦しみ」というテーマに関するものです。質問は日本に住む7歳の少女から寄せられました。少女は言います。「わたくしの名前はエレナです。日本人で7歳です。わたしはとても怖い思いをしました。安全だと思っていた家がものすごく揺れて、わたしと同い歳のたくさんの子どもたちが亡くなったからです。わたしは公園に遊びに行けません。そこで質問があります。どうしてわたしはこんなに怖い思いをしなければならないのでしょうか。なぜ子どもたちが深く悲しまなければならないのでしょうか。教皇様、あなたは神さまとお話しされる方です。どうか教えてください」。

教皇ベネディクト16世（以下、教皇）親愛なるエレナさん、心からの挨拶を送ります。わたしも同じように問い掛けています。どうしてこのようなことが起きるのでしょうか。ほかの人々は快適に暮らしているのに、どうして皆さんがこれほど苦しまなければならないのでしょうか。わたくしには答えることができません。

けれども、わたしは知っています。イエスは、罪がないにもかかわらず、わたしたちと同じように苦しまれました。イエスのうちにご自身を現わしてくださったまことの神は、皆さんの側《そば》にいてくださいます。このことはとても大切なことです。たとえ答えが見つからずわたしたちが今なお悲しみのうちにあっても、神は皆さんの傍にいてくださいます。そして、それが皆さんの助けになることは確かです。

いつの日か、どうしてこのようなことが起きたのか分かるようになるかもしれません。今は、皆さんが次のことを知るのが大切だと思います。「神はわたしを愛しておられます」。たとえ神がわたしのことをご存じないように見えても、決してそんなことはありません。神はわたしを愛しておられます。神はわたしの傍にいてくださいます。

次のことも信じなければなりません。全世界の多くの人が皆さんとともにいてくれているのです。皆さんのことを思い、皆さんのため、皆さんを助けるためにできる限りのことをしてくれています。だから、どうか次のことを知ってください。いつの日か分かるでしょう、この苦しみが空しいもの、無駄なものではなかったことを。この苦しみの向こうにはいつくしみの計画が、愛の計画があることを。

神のご計画は偶然起こったのではありません。このことを信じてください。わたしはあなたとともにいます。苦しむ日本の子どもたちとともにいます。わたしは祈りと行いによって皆さんを助けたいと思います。どうか信じてください。神が皆さんを助けてくださいます。ですから、ともに祈りたいと思います。皆さんが一日も早く、光を見いだすことができますように。

注9　カトリック教会がミサの中で唱える「ニケア・コンスタンチノープル信条」は次のとおりです。

わたしは信じます。唯一の神、
全能の父、天と地、見えるもの、見えないもの、
すべてのものの造り主を。
わたしは信じます。唯一の主イエス・キリストを。
主は神のひとり子、
すべてに先立って父から生まれ、
神よりの神、光よりの光、まことの神よりのまことの神、
造られることなく生まれ、父と一体。
すべては主によって造られました。
主は、わたしたち人類のため、
わたしたちの救いのために天から下り、
聖霊によって、おとめマリアからからだを受け、

人となられました。
ポンティオ・ピラトのもとで、わたしたちのために十字架につけられ、
苦しみを受け、葬られ、
聖書にあるとおり三日目に復活し、
天に昇り、父の右の座についておられます。
主は、生者と死者を裁くために栄光のうちに再び来られます。
その国は終わることがありません。
わたしは信じます、主でありいのちの与え主である聖霊を。
聖霊は、父と子とから出て、
父と子とともに礼拝され、栄光を受け、
また預言者を通して語られました。
わたしは、聖なる、普遍の、使徒的、唯一の教会を信じます。
罪のゆるしをもたらす唯一の洗礼を認め、
死者の復活と来世のいのちを待ち望みます。アーメン。

注10　創世記には次にように書かれています。
1：31　神はお造りになったすべてのものを御覧になった。見よ、それは極めて良かった。夕べがあり、朝があった。第六の日である。

注11　出エジプト記で次のように告げられています。
3:11　モーセは神に言った。「わたしは何者でしょう。どうして、ファラオのもとに行き、しかもイスラエルの人々をエジプトから導き出さねばならないのですか。」
3:12　神は言われた。「わたしは必ずあなたと共にいる。このことこそ、わたしがあなたを遣わすしるしである。あなたが民をエジプトから導き出したとき、あなたたちはこの山で神に仕える。」
3:13　モーセは神に尋ねた。「わたしは今、イスラエルの人々のところへ参ります。彼らに、『あなたたちの先祖の神が、わたしをここに遣わされたのです』と言えば、彼らは、『その名は一体何か』と問うに違いありません。彼らに何と答えるべきでしょうか。」
3:14　神はモーセに、「わたしはある。わたしはあるという者だ」と言われ、また、「イスラエルの人々にこう言うがよい。『わたしはある』という方が、わたしをあなたたちに遣わされたのだと。」

注12　ローマ書8章より――
8:18　現在の苦しみは、将来わたしたちに現わされるはずの栄光に比べると、取るに足りないとわたしは思います。
8:19　被造物は、神の子たちの現われるのを切に待ち望んでいます。
8:20　被造物は虚無に服していますが、それは自分の意志によるものではなく、服従させた方の意志によるものであり、同時に希望も持っています。
8:21　つまり、被造物も、いつか滅びへの隷属から解放されて、神の子供たちの栄光に輝く自由に与れるからです。

8:22 被造物がすべて今日まで、共にうめき、共に産みの苦しみを味わっていることを、わたしたちは知っています。

8:23 被造物だけでなく、「霊」の初穂をいただいているわたしたちも、神の子とされること、つまり、体の贖われることを、心の中でうめきながら待ち望んでいます。

8:24 わたしたちは、このような希望によって救われているのです。見えるものに対する〝希望〟は望ではありません。現に見ているものを誰が、なお望むでしょうか。

8:25 わたしたちは、目に見えないものを望んでいるゆえに、忍耐して待ち望むのです。

8:26 同様に、「霊」も弱いわたしたちを助けてくださいます。わたしたちはどう祈るべきかを知りませんが、「霊」自らが、言葉に表わせないうめきをもってとりなしてくださるからです。

8:27 人の心を見抜く方は、「霊」の思いが何であるかを知っておられます。「霊」は、神の御心に従って、聖なる者たちのためにとりなしてくださるからです。

8:28 神を愛する者たち、つまり御計画に従って召された者たちには、万事が益となるように共に働くということを、わたしたちは知っています。

8:29 神は前もって知っておられた者たちを、御子の姿に似たものにしようとあらかじめ定められました。それは、御子が多くの兄弟の中で長子となられるためです。

8:30 神はあらかじめ定められた者たちを召し出し、召し出した者たちを義とし、義とされた者たちに栄光をお与えになったのです。

注13　マタイ13章24−30、36−43節。

13:24　イエスは、別のたとえを持ち出して言われた。「天の国は次のようにたとえられる。ある人が良い種を畑に蒔いた。
13:25　人々が眠っている間に、敵が来て、麦の中に毒麦を蒔いて行った。
13:26　芽が出て、実ってみると、毒麦も現われた。
13:27　僕《しもべ》たちが主人のところに来て言った。『だんなさま、畑には良い種をお蒔きになったではありませんか。どこから毒麦が入ったのでしょう。』
13:28　主人は、『敵の仕業だ』と言った。そこで僕たちが、『では、行って抜き集めておきましょうか』と言うと、
13:29　主人は言った。『いや、毒麦を集めるとき、麦まで一緒に抜くかもしれない。
13:30　刈り入れまで、両方とも育つままにしておきなさい。刈り入れの時、『まず毒麦を集め、焼くために束にし、麦の方は集めて倉に入れなさい』と、刈り取る者に言いつけよう。」――
13:36　それから、イエスは群衆を後に残して家にお入りになった。すると、弟子たちがそばに寄って来て、「畑の毒麦の譬えを説明してください」と言った。
13:37　イエスはお答えになった。「良い種を蒔く者は人の子、
13:38　畑は世界、良い種は御国の子ら、毒麦は悪い者の子らである。
13:39　毒麦を蒔いた敵は悪魔、刈り入れは世の終わりのことで、刈り入れる者は天使たちである。

13:40 だから、毒麦が集められて火で焼かれるように、世の終わりにもそうなるのだ。
13:41 人の子は天使たちを遣わし、つまずきとなるものすべてと不法を行う者どもを自分の国から集めさせ、
13:42 燃え盛る炉の中に投げ込ませるのである。彼らはそこで泣きわめいて歯ぎしりするだろう。
13:43 そのとき、正しい人々はその父の国で太陽のように輝く。耳のある者は聞きなさい。」

注14　ルターの体験については、「ルターにおける聖書と神学」（上智大学キリスト教文化研究所編）に納められている、鈴木浩著「ルターにおける『つまずきの石』と『学的突破』」を参考にさせていただきました。

第三章　「復活」という信仰

――キリスト教成立の根拠

第1節　ヨハネの福音で知る弟子たちの復活体験

イエスを信じることは難しいか

神の存在を信じるということについて、第一章で、その難しさの方を述べました。それでは、「イエス・キリストを信じる」ということについてはどうでしょうか。

そもそも人生は「人を信じる」ことなしでは一日も過ごせません。毎日、『出会う人が自分に危害を加えるのではないか』という心配があるなら、安心して人と一緒に過ごせませんし、外出もできないことになります。しかしわたしたちはおおむね、他の人の善意を信じているのです。誰も信じられなければ、その人は何らかの病気、あるいは何らかの障がいに左右されているのかもしれません。

しかし、だからと言って誰でも、いつでも、人の言うことを信じてよいわけではありません。「オレオレ詐欺」という詐欺が横行していますし、海外からも怪しげな詐欺メールが舞い込む時代となっています。

キリスト教は、イエス・キリストを信じるという宗教です。イエス・キリストを信じるということは、イエスが教えられた神をも信じるということになります。イエスはローマ帝国が派遣した執政官、ピラトによって捕らえられ、十字架上で死んだのですが、葬られて3日目に復活し、その後40日間宣教した後、昇天されました。その十字架上の死と３日後の復活は「キリスト教の核心」ともいうべき信仰箇条です。

しかし、確かに死んだ人が、復活して生きている、ということがあり得るでしょうか？「福音書」とも呼ばれる新約聖書を開いて、少し詳しく考えてみましょう。

聖書によれば、イスラエルの寒村、ナザレにイエスという男がいて、紀元30年頃、ローマ総督ポンショ・ピラトの命令一下、処刑されました。この事件は歴史的事実です。しかし、そのイエスが復活したという主張は歴史的事実に裏付けられていると言えるのか、が問題となりそうです。それでも、ナザレのイエスが処刑後も生きていて弟子たちの前に現われた、という信仰が生まれたことは歴史的事実です。

イエスの死後、何らかの出来事があったのです。その出来事によって、弟子たちはイエスの復活を信じました。そして、その時をもってキリスト教の教会が誕生しました。

新約聖書はイエスの復活に関する証言集です。その証言の中からまず、キリストの復活を告げるヨハネによる福音を見てみます。該当箇所は「ヨハネによる福音」の第20章、19節から31節です。

――その日、すなわち週の初めの日の夕方、弟子たちはユダヤ人を恐れて、自分たちのいる家の戸に鍵をかけていた。そこへ、イエスが来て真ん中に立ち、「あなたがたに平和があるように」と言われた。そう言って手とわき腹とをお見せになった。弟子たちは主を見て喜んだ。イエスは重ねて言われた。「あなたがたに平和があるように。父がわたしをお遣わしになったように、わたしもあなたがたを遣わす」。そう言ってから、彼らに息を吹きかけて言われた。「聖霊を受けなさい。だれの罪でも、あなたがたが赦せばその罪は赦される。だれの罪でも、あなたがたが赦さなければ赦されないまま残る。」

十二人の（弟子の）一人で、ディディモと呼ばれるトマスは、イエスが来られたとき、彼らと一緒にいなかった。そこで、ほかの弟子たちが、「わたしたちは主を見た」と言うと、トマスは言った。「あの方の手に釘の跡を見、この指を釘跡に入れてみなければ、また、この手をそのわき腹に入れてみなければ、わたしは決して信じない」。

さて八日の後、弟子たちはまた家の中におり、トマスも一緒にいた。戸にはみな鍵がかけてあったのに、イエスが来て真ん中に立ち、「あなたがたに平和があるように」と言われた。それから、トマスに言われた。「あなたの指をここに当てて、わたしの手を見なさい。また、あなたの手を伸ばし、わたしのわき腹に入れなさい。信じない者ではなく、信じる者になりなさい」。トマスは答えて、「わたくしの主、わたしの神よ」と言った。

イエスはトマスに言われた。「わたしを見たから信じたのか。見ないのに信じる人は、幸いである」。

このほかにも、イエスは弟子たちの前で、多くのしるしをなさったが、それはこの書物に書かれていない。これらのことが書かれたのは、あなたがたが、イエスは神の子メシアであると信じるためであり、また信じて、イエスの名により命を受けるためである。

イエスの弟子たちは、イエス・キリストに出会い、イエス・キリストから神のいつくしみを学び、そして、キリストの復活という出来事に出会った後、喜びと勇気をもって宣教を開始して、「教会」という共同体を造りました。

ここに引用したヨハネの福音は、「週の初めの日の夕方」という言葉から始まっています。「週の初めの日」というのは、今日《こんにち》で言えば日曜日に当たります。弟子たちは、1軒の家に集まり、その家の扉には鍵を掛けていました。それはユダヤ人が恐ろしかったからです。わずか3日前、イエスの身の上に起こった磔刑という現実は非常に残酷な、恐怖を起こさせる出来事でした。弟子たちはイエスを裏切り、見捨て、逃げてしまったのでした。誰かの家に集まって息をひそめ、肩を寄せ合っていたのでしょう。家には鍵がかかっていたにもかかわらず、イエスが入って来られて、「あなたがたに平和があるように」と言われたのです。いったいどのようにして、扉を通って来られたのでしょうか。

「あなたがたに平和があるように」――この言葉を司祭はミサを献げるとき、何度も唱えます。また典礼以外の場面――例えばわたしたちが日常生活の中で手紙を書くときなどに、挨拶として使っている言葉です。

「平和」は、旧約聖書以来使われている、非常に重要な言葉で、「欠けたところのない神の御心《みこころ》が十分に実現している状態」であるとされています。この場合、弟子たちにとっての「平和」とは何でしょうか。ユダヤ人に逮捕されたり、処刑されたりする恐怖もあったと思われますが、恐らくは何よりも、「主イエスと離れている状態」に置かれていることの不安から、その不安のない状態への回帰を求め、それを「平和」と呼んだのです。「イエスが取り去られ、殺されてしまった」「自分たちはイエスを見捨ててしまった。その行為はイエスへの裏切りに他ならない」という罪の意識、後ろめたさが、彼らの心の平安を奪っていたのではないかと思います。

そんな弟子たちの前に現われたイエスは「あなたがたに平和があるように」と言われたので、彼らの心は平和で満たされました。「弟子たちは、主を見て喜んだ」とあるのは、平和を取り戻した弟子たちの心情を端的に表現した言葉です。

そんな弟子たちにイエスは、聖霊をお与えになりました。「聖霊を受けなさい。だれの罪でも、あなたがたが赦せば、その罪は赦される」。イエスから罪の赦しを受けた弟子たちは、さらに、人の罪を赦すことができる権能を与えられ、聖霊を受けました。

ところで、その大切な場面に、12人の弟子たちの1人、トマスは居合わせませんでした。そして「疑い深いトマス」の異名をとるこの弟子の面目躍如というべきか、トマスはイエスのご出現を信じなかったのです。トマスは、それから八日後、イエスはトマスの前に現われて、こういわれるのです。「わたしを見たから信じたのか。見ないのに信じる人は、幸いである」。トマスはイエスに答えて、「わたしの主、わたしの神よ」と言いました。

この弟子たちの体験、罪の赦しを受けたという体験、神のいつくしみに満たされたという平和と救いの体験が、わたしたちの教会が誕生する起源となっているのです。

わたしたちは、復活の出来事があってからすでに２０００年以上経過している時点での信者です。イエスに会ったことがない、復活したイエスの姿を見たことがないにもかかわらず、わたしたちは復活を信じ、キリスト者となっています。

現代において、復活を信じて生きるには、さらなる努力が必要です。たびたび神の言葉、キリストの言葉を聴き、一緒に祈り、励まし合わなければなりません。わたしたちが日々直面することの世界の現実の中で、困難の多い状況下で、神の導き、復活の光を見つけるように努めたいものです。聖霊の恵み、助け、導きを祈り求めましょう。

わたしたちの教会共同体は、キリストの復活を告げ知らせる神の民の集まりです。「キリストが復活した」「死と罪に打ち勝った」という信仰を周囲の人々に表わす団体、イエス・キリストが復活して、今もわたしたちと共にいてくださっているという信仰――言い換えれば「復活したイエス・キリストの現存」「復活したイエスがいてくださっている」という信仰――の表われとして存在しています。
わたしたちを見て、「イエス・キリストの復活の印《しるし》がある」と多くの方が見てくださる、そんなわたしたちでありたいと願っています。そのためには、わたしたちは「よく祈る神の民」「神のいつくしみを実行する神の民」「互いに助け合っている神の民」でありたいと思います。つまりその思いをひと口で表わすなら、「最初の教会のような教会」でなければならないと思うのです。注15

第2節　弟子たちの復活体験

エマオへ急ぐ弟子への出現

次に、エマオへの旅路を急ぐ弟子に現われた、復活のイエスの物語を読んでいきましょう。復活したイエスが、エマオという地に向かう弟子たちに現われたという証言です。福音記者ルカは、24章第13～40節で、次のように記しています。

ちょうどこの日、二人の弟子が、エルサレムから六十スタディオン離れたエマオという村へ向かって歩きながら、この一切の出来事について話し合っていた。話し合い論じ合っていると、イエス御自身が近づいて来て、一緒に歩き始められた。しかし、二人の目は遮《さえぎ》られていて、イエスだとは分からなかった。イエスは、「歩きながら、やり取りしているその話は何のことですか」と言われた。二人は暗い顔をして立ち止まった。その一人のクレオパという人が答えた。「エルサレムに滞在していながら、この数日そこで起こったことを、あなただけはご存じなかったのですか」。イエスが、「どんなことですか」と言われると、二人は言った。「ナザレのイエスのことです。この方は、神と民全体の前で、行いにも言葉にも力のある預言者でした。それなのに、わたしたちの祭司長たちや議員たちは、死刑にするため（ピラトに）引き渡して、十字架に付けてしまったのです。わたしたちは、あの方こそイスラエルを解放してくださると望みをかけていました。しかも、そのことがあってから、もう今日で三日目になります。ところが、仲間の婦人たちがわたしたちを驚かせました。婦人たちは朝早く墓へ行きましたが、遺体を見つけずに戻って来ました。そして、天使たちが現われ、『イエスは生きておられる』と告げたと言うのです。仲間の者が何人か墓へ行ってみたのですが、婦人たちが言ったとおりで、あの方は見当たりませんでした」。そこで、イエスは言われた。「ああ、物分かりが悪く、心が鈍く預言者たちの言ったことすべてを信じられない者たち。メシアはこういう苦しみを受けて、栄光に入るはずだったのではないか」。そして、モーセとすべての預言者から始めて、聖書全体にわたり、御自分について書かれていることを説明された。一行は目指す村に近づいたが、イエスはなおも先へ行こうとされる様子だった。二人が、「一緒にお泊まりください。そろそろ夕方になりますし、もう日も傾いていますから」と言って、無理に引き止めたので、イエスは共に泊まるため家に入られた。一緒に食事の席に着いたとき、イエスはパンを取り、賛美の祈りを唱え、パンを裂いてお渡しになった。すると、二人の目が開け、イエスだと分かったが、その姿は見えなくなった。二人は、「道で話しておられるとき、また聖書を説明してくださったとき、わたしたちの心は燃えていたではないか」と語り合った。そして、時を移さず出発して、エルサレムに戻ってみると、十一人とその仲間が集まって本当に主は復活して、シモンに現われたと言っていた。二人も、道で起こったことや、パンを裂いてくださったときにイエスだと分かった次第を話した。

こういうことを話していると、イエス御自身が彼らの真ん中に立ち、「あなたがたに平和があるように」と言われた。彼らは恐れおののき、亡霊を見ているのだと思った。そこで、イエスは言われた。「なぜ、うろたえているのか。どうして心に疑いを起こすのか。わたしの手や足を見なさい。まさしくわたしだ。触ってよく見なさい。亡霊には肉も骨もないが、あなたがたに見えるとおり、わたしにはそれがある」。こう言って、イエスは手と足をお見せになった。彼らが喜びのあまりまだ信じられず、不思議がっているので、イエスは、「ここに何か食べ物があるか」と言われた。そこで、焼いた魚を一切れ差し出すと、イエスはそれを取って、彼らの前で食べられた。イエスは言われた。「わたしについてモーセの律法と預言者の書と詩編に書いてある事柄は、必ずすべて実現する。これこそ、まだあなたがたと一緒にいた頃、言っておいたことである」。そしてイエスは、聖書を悟らせるために彼らの心の目を開いて、言われた。「次のように書いてある。『メシアは苦しみを受け、三日目に死者の中から復活する。また、罪の赦しを得させる悔い改めが、その名によってあらゆる国の人々に宣べ伝えられる』と。エルサレムから始めて、あなたがたはこれらのことの証人となる。わたしは、父が約束されたものをあなたがたに送る。高い所からの力に覆われるまでは、都にとどまっていなさい」。

ミサの構成に似ている「エマオの2弟子」のエピソード

以下、右に紹介した福音について説明と感想を加えます。[注16]

前述したように、キリスト教という宗教は、「ナザレのイエスの復活」という出来事に基づいて成立した宗教です。弟子たちはイエスの復活という体験をし、喜びをもって人々にこの出来事を宣べ伝えました。

毎年の復活節第2主日に読まれるヨハネによる福音では、恐怖に慄《おのの》く弟子たちのもとにイエスが現われて、「あなたがたに平和があるように」と言われた場面を語っています。また右に紹介した福音は、エマオへ向かう2人の弟子たちに復活したイエスが旅人の姿で現われた、という話の後半部分です。その前半の部分も含めて、エマオへの弟子にイエスが出現した話に焦点を絞ってみましょう。

2人はイエスの十字架刑の出来事に意気消沈し、暗い表情をしていました。イエスは彼らに近づき一緒に歩き始められましたが、「心ここに在らず」だった2人の目にその人がイエスであるとは分からなかったのです。イエスはそんな2人に、「旧約聖書全体にわたって、自分について書かれている」と説明しました。イエスの説明を聞くうちに彼らの心は次第に明るくなり、一緒に夕食の席に着いて、イエスがパンを裂いたとき、彼らの目が開けて、その人がイエスであると分かった――という次第までが前半の話です。

この「エマオへの旅の途次にある弟子へイエスが出現した話」は、いまわたしたちが奉げているミサの構造とよく似ています。ミサではまず御言葉《みことば》を聴き、その意味を分かち合い、その後でパンとぶどう酒を献げ、そして御聖体《ごせいたい》をいただきます。聖書を聴き味わうことは、イエスを迎えるために欠かせない準備となっています。

エマオの弟子の話では、イエスご自身が弟子たちと一緒に歩き、聖書の「説きあかし」をしている点が注目されます。聖書はイエスの導きに従って一緒に読み味わうべき書物です。ところどころ分かりにくい部分がありますが、聖書は「復活したイエス」という視点から読むべき大切なメッセージなのです。

戦後の節目に司教団が強調した「非暴力の精神」

さて、イエスは弟子たちに言われました。「あなたがたに平和があるように」（ルカ24－36）。弟子たちはイエスからいただいた平和を人々に伝えると言う使命を受けました。イエス・キリストの言われる「平和」とは、罪の赦《ゆる》し、罪からの解放という「福音」（良い便り）です。その使命とは「この地上において一人ひとりの人が人間として尊ばれる社会を建設するよう努力する」という務めに他なりません。イエスは言われました。
「平和を実現する人々は、幸いである。その人たちは神の子と呼ばれる」（マタイ５－９）

日本の司教たちは戦後70周年に当たり、２０１５年２月25日にメッセージ「平和を実現する人は幸い――いまこそ武力によらない平和を」を発表しています。[注17]

第二次世界大戦の悲惨な体験から、二度と戦争を起こしてはならないと堅く決心したわたしたちは、「戦争を放棄し、紛争解決のためには武力を行使しない」という決意を全世界に向かって表明して、この70年を歩んできました。戦争放棄という理想は、キリストの福音がすべての人に求めている理念であり、すべての人が目指し守るべき目標です。

戦後70周年メッセージの発表に先立つ１９９５年２月25日、日本司教団は戦後50年の節目に「平和への決意」というメッセージを公表しています。この中で司教たちは、「当時のカトリック教会には、民族主義高揚の流れのなかで日本が国を挙げてアジア・太平洋に兵を進めていこうとするとき、そこに隠されていた非人間的、非福音的な流れに気がつかず、尊いいのちを守るために神のみ心に沿って果たさなければならない預言者的な役割についての適切な認識に欠けていた」と、反省の念を表明しました。

　またさらに、戦後60周年を迎えたときには、「非暴力による平和への道～今こそ預言者としての役割を～」を発表して、「キリスト者は、悪に対するのに悪をもって対抗するのではなく、悪に対し善をもって対抗し、悪を善によって打ち負かすよう求められている」と述べています。

　この非暴力の精神は日本国憲法第９条によって具現しています。国際紛争を解決する手段としての戦争を放棄し、また戦力を保持しないことを、わたしたち日本国民は決意したのです。９条のおかげでわたしたち日本国民はこの70年、戦争によって誰も殺さず、戦争によって誰も殺されずに済んできました。

　戦争、軍備、武器のためにどんなにか多くの軍事費が使われていることでしょう。武装を解除し、武器を平和と幸福のための道具に転換すべきです。わたしたちが直面する現実はこの理想からほど遠いのですが、この理想に向かって歩んでいかなければなりません。

　武器を放棄するということには「心の武装解除」が伴います。そして心の武装解除とは、わたしたちと諸国民の間で信頼と友情を生み出し育てることです。イエス・キリストの十字架は民族の間の隔ての壁を打ち壊しました。わたしたちは同じ神の子として共に祈り、共に学びます。そのためにもまずわたしたちは、「異なる文化を生きる人々が互いに触れ合い、助け合い、理解し合う」（1995年の司教団メッセージ「平和への決意」より）よう、努めなければなりません。

　平和のために働くことは日常の祈りと実践の積み重ねです。キリストに倣い、互いに痛みと苦しみを担い合い、喜びと希望を分かち合って歩んでいきましょう。それがキリスト者の平和への道であると信じます。

第3節　ペトロに現われた復活のイエス

「わたしを愛しているか」

次の証言は、イエスがペトロに現われて、「ヨハネの子シモン、わたしを愛しているか」と三度も尋ねられた、という証言です。

その後、イエスはティベリアス湖畔で、また弟子たちに御自身を現わされた。その次第はこうである。

シモン・ペトロ、ディディモと呼ばれるトマス、ガリラヤのカナ出身のナタナエル、ゼベダイの子たち、それに、他の二人の弟子が一緒にいた。シモン・ペトロが、「わたしは漁に行く」と言うと、彼らは、「わたしたちも一緒に行こう」と言った。彼らは出て行って、舟に乗り込んだ。しかし、その夜は何も獲《と》れなかった。

既に夜が明けたころ、イエスが岸に立っておられた。だが、弟子たちは、それがイエスだとは分からなかった。

イエスが、「子たちよ、何か食べる物があるか」と言われると、彼らは、「ありません」と答えた。イエスは言われた。「舟の右側に網を打ちなさい。そうすればとれるはずだ」。

そこで、網を打ってみると、魚があまり多くて、もはや網を引き上げることができなかった。イエスの愛しておられたあの弟子がペトロに、「主だ」と言った。シモン・ペトロは「主だ」と聞くと、裸同然だったので、上着をまとって湖に飛び込んだ。ほかの弟子たちは魚のかかった網を引いて、舟で戻って来た。陸から二百ペキスばかりしか離れていなかったのである。

さて、陸に上がってみると、炭火がおこしてあった。その上に魚が乗せてあり、パンもあった。イエスが、「今獲った魚を何匹か持って来なさい」と言われた。シモン・ペトロが舟に乗り込んで網を陸に引き上げると、１５３匹もの大きな魚でいっぱいであった。それほど多くとれたのに、網は破れていなかった。

イエスは、「さあ、来て、朝の食事をしなさい」と言われた。弟子たちはだれも、「あなたはどなたですか」と問い糺《ただ》そうとはしなかった。主であることを知っていたからである。イエスは来て、パンを取って弟子たちに与えられた。魚も同じようにされた。

イエスが死者の中から復活した後、弟子たちに現われたのは、これでもう三度目である。

食事が終わると、イエスはシモン・ペトロに、「ヨハネの子シモン、この人たち以上にわたしを愛しているか」と言われた。ペトロが、「はい、主よ、わたしがあなたを愛していることは、あなたがご存じです」と言うと、イエスは、「わたしの小羊を飼いなさい」と言われた。

二度目にイエスは言われた。「ヨハネの子シモン、わたしを愛しているか」。ペトロが、「はい、主よ、わたしがあなたを愛していることは、あなたがご存じです」と言うと、イエスは、「わたしの羊の世話をしなさい」と言われた。

三度目にイエスは言われた。「ヨハネの子シモン、わたしを愛しているか」。ペトロは、イエスが三度も「わたしを愛しているか」と言われたので、悲しくなった。そして言った。「主よ、あなたは何もかもご存じです。わたしがあなたを愛していることを、あなたはよく知っておられます」。イエスは言われた。「わたしの羊を飼いなさい。はっきり言っておく。あなたは、若いときは自分で帯を締めて、行きたいところへ行っていた。しかし年をとると、両手を伸ばして、他の人に帯を締められ、行きたくないところへ連れて行かれる」。ペトロがどのような死に方で、神の栄光を現わすようになるかを示そうとして、イエスはこう言われたのである。このように話してからペトロに、「わたしに従いなさい」と言われた。（ヨハネによる福音21－1～19節）

「アガパス」と「フィロー」の掛け合い

以下は右の福音の箇所についての説明と感想です。[注18] ここでは福音の後半の部分を取り上げてみます。

復活したイエスは三度、ペトロに訊ねました。

「ヨハネの子シモン、この人たち以上にわたしを愛しているか。」（21－15）
「ヨハネの子シモン、わたしを愛しているか。」（21－16）
「ヨハネの子シモン、わたしを愛しているか。」（21－17）

三度も同じことを問われてペトロは悲しくなりました。イエスが三度も念を押されたのは、ペトロが三度も主イエスを「知らない」といって、イエスを拒んでしまったことに対応していると考えられます。ペトロはそのことを深く心に残していました。今の言葉で言えば「トラウマ」になっていたと思われます。そのペトロが、心からの思いを込めて答えます。

「主よ、あなたは何もかもご存じです。わたしがあなたを愛していることを、あなたはよく知っておられます。」（21－17）

イエスが「わたしを愛しているか」と訊ねたときの「愛する」という言葉を福音書の原文は「アガパス」と表現しています。これは動詞ですが、名詞形は有名な「アガペー」です（新約聖書に出てくる「愛」はだいたい「アガペー」の意です）。

しかし、ペトロの答えた言葉を原文に当たると、「フィロー」という単語でした。これも「わたしは愛する」という意味ですが、人間の間の友愛を指す言葉です。イエスの一回目、二回目の問いは「アガパス」、ペトロの答えは二回とも「フィロー」でした。イエスは、三度目には「アガパス」ではなく「フィレイス」を使って訊ねました。

「ヨハネの子シモン、わたしを愛しているか」（21－17）

　ここに、わたくしはイエスのやさしさを感じます。神の愛・アガペーが人間に伝えられると、フィリアの愛[注19]と結びつきます。イエスも人間の心をもって弟子たちを愛しました。それは人間の血の通った暖かい愛でした。人間イエスは人間の心でペトロを愛していたのです。

「アガパス」と「フィロー」の掛け合いの中で、イエスはペトロに言いました。

「わたしの小羊を飼いなさい。」（21－15）

「わたしの羊の世話をしなさい。」（21－16）

「わたしの羊を飼いなさい。はっきり言っておく。あなたは、若いときは、自分で帯を締めて、行きたいところへ行っていた。しかし、年をとると、両手を伸ばして他の人に帯を締められ、行きたくないところへ連れて行かれる。」（21－17～18）

　イエスはペトロに、自分の羊の世話をするように命じました。よい羊飼いは羊のために命を捨てます。旧約のエゼキエル預言書は悪い牧者を糾弾《きゅうだん》して次のように言っています。

「災いだ、自分自身を養うイスラエルの牧者たちは。牧者は群れを養うべきではないか。」（エゼキエル34－２）

　よき牧者とは群れを養う牧者であり、悪しき牧者とは自分自身を養う牧者、いわば「羊を自分の食い物にする」牧者です。

　牧者は、病めるものを癒し慰め、迷うものを導き、弱っているものを励まし、落胆しているものに希望を示すべきものです。イエス・キリストの教会の牧者のなすべきことは、まず何より、力を落としている人々、迷っている人々を、復活の主イエスとの出会いへと導き、キリストから光と力を得るよう教え励ますことです。

ペトロは「わたくしの羊を飼いなさい」というイエスの呼びかけに愛をもって応え、ローマのバチカンの丘[注20]で殉教しました。

ペトロの後継者がローマの司教です。現在のローマの司教、フランシスコ教皇は、自ら模範を示して、牧者は貧しい人、苦しみ悩む人、さげすまれ差別された人、孤独に苦しむ人々のための牧者であることを示してくださっています。

わたしたち日本の信徒が、現代の荒れ野で悩み苦しむ人々のオアシスとなることができますよう、聖霊の導きを祈りましょう。

第4節　イエスの復活を証《あかし》すべき教会の反省と決意[注21]

わたしたち自身に向けられた指摘

「サタン、引き下がれ。あなたはわたしの邪魔をする者。神のことを思わず、人間のことを思っている。」（マタイ16－23）

イエスはペトロを、このような言葉で強く叱責されました。これは、どのような意味でしょうか。

その直前の場面で、「あなたはペトロ。わたくしはこの岩の上にわたしの教会を建てる。陰府《よみ》の力もこれに対抗できない」（マタイ16－18）とイエスは言われたばかりです。同じイエスの口からこのように、一見、矛盾するような言葉が発せられたのは、どんな理由によるのでしょうか。
「あなたが考えているのは人間のことで、神様のことではない。」（マタイ16－23参照）
イエスはこう言われたとも記録されています。折しも、イエスはエルサレムに上り、受難のときを迎えようとしていました。
さて、この問題を、わたしたちは自分に向けられた問いとして深く考え、黙想の糧としていきたいと思います。

第三の千年期の始まりを迎える紀元２０００年を、カトリック教会では「大聖年」と定めました。帰天後に聖人の列に加えられた教皇、ヨハネ・パウロ２世が紀元２０００年を大聖年であると宣言し、教会を挙げてこの聖年を祝うよう定められたのです。そしてその準備のためには反省、悔い改めが必要だと強調されました。第三の千年期を迎えるということは、千年単位で人類の歴史を見るという大きな視野の中に身を置くことです。
大聖年を迎えるにあたり、教皇は世界に向けて「紀元二千年の到来」という特別書簡を渙発《かんぱつ》されましたが、その中で、「わたしたち教会のメンバーは、心から反省しなければ第三の千年期に入るため敷居をまたぐことはできない」と諭しておられます。実際、第三の千年期を迎えたとき、教皇は何度も、わたしたちの教会が行った「強く反省すべき事柄」に触れておられます。その中には、「基本的人権の侵害」「真理に名を借りた暴力の行使」「女性の尊厳を侵《おか》したこと」などが含まれていました。それらは、具体的にどのようなことを指すのでしょうか。

カトリック教会ではない教会の聖職者が、あるときわたくしのところに来られ、「わたしはカトリックに帰依したい」と申し出られたことがあります。「自分の教会には間違いや腐敗が多くて、とても留まっていられない」と言われたので、「そのように仰っていただくと嬉しいのですが、われわれのところも、いろいろな問題がございまして、がっかりなさいませんでしょうか」と言ったら、「いや、まだましです。あなたがたには自浄能力がある」と言われました。「自浄《きよ》める」とは「自ら浄めるという意味です。

そうかもしれません。「陰府《よみ》の力も、これに対抗できない」（マタイ16－18）と言われたイエスの御言葉に信頼し、教会はよろめきながらも、間違いながらも、自らを正す努力を繰り返してきました。

1962年から1965年にかけて「第二バチカン公会議」が開かれ、日本の教会はその精神を十分に咀嚼《そしゃく》した後、福音宣教推進全国会議（NICE－1）を催しました。1987年のことです。

そこでわたしたちは過去の在り方のうち、イエスの教えに従順でなかった点を心から反省しました。

「主イエス・キリストの教えに従う教会に変わりたい。『開かれた教会』になります。わたしたちの教会は苦しんでいる人、病んでいる人、困っている人に優しいだろうか、開かれているだろうかと自らに問い掛け、そのような人たちが安らぎ、喜び、支えを見出す、そのような共同体であるだろうか、と深く顧み、誰でもが自分の場所を見出すことができる、そのような共同体に変わります」（参加者一同の宣言より）と宣言したのです。

日本の教会は、この決意に基づき、努力を重ねてきました。決意はどのように実行されたでしょうか。

紀元２０００年の９月３日、わたくしは東京大司教に就任いたしましたが、その叙階式の挨拶の中で、「ＮＩＣＥ－１の決意を自分自身の決意として実行したい」と申し上げました。

「心を新たにして自分を変えていただき、何が神の御心であるか、何が善いことで、神に喜ばれ、また完全なことであるかをわきまえるようになりなさい」（ローマ12－２）とパウロは言っています。

神様が、わたしたちに望まれていることは何でしょうか。何が神様の御心《みこころ》に適《かな》うことでしょうか。わたしたちが「これは正しい」「これが良い」と思っても、果たして神様がその判断を望んでおられるでしょうか。

そうした問いを自らの胸に突きつけて、真剣に自分の日々を振り返り、そして教会の在り方を再検証することが、イエスから求められています。苦しんでいる人、悩んでいる人、自分の場所が見つからない、いろいろと困難な状況にある人に対して普段、どのような態度を取っているかということを、深く反省しなければならないと思います。

聖霊の導きを祈りましょう。

注15　この福音の箇所についての、２０１８年4月8日、茂原教会での説教より。
注16　２０１５年4月19日、高崎教会での説教より。
注17　日本カトリック司教協議会「平和を実現する人は幸い」（戦後70年司教団メッセージ）参照。
注18　２０１３年4月14日、神田教会での説教。
注19　「フィリア philia の愛」とは、普通、友愛、親愛と訳される愛を指す。
注20　ローマの北西部、テヴェレ川右岸にある丘陵は「バチカンの丘」と呼ばれ、その丘に使徒ペトロの墓が設けられた。キリスト教を公認することになったコンスタンチヌス皇帝によりペトロを記念する聖堂「サン・ピエトロ大聖堂」が建てられ、さらに後代、ペトロの後継者であるローマの司教・教皇が、そこで生活したり、執務したり、司牧活動を行ったりすることとなったといわれる。教皇庁が、「バチカン」と言う名称で呼ばれるのも、「バチカン」という名の丘の地名に由来している。
注21　復活の体験によって成立した教会の司教として、２０００年の教会の歩みを振り返りながら、反省と決意を述べた。（２０１７年9月3日、東京カテドラルにて）

第四章

折々に福音を読む

福音を読む❶ルカ１―39～56

キーワード

聖母のエリザベト訪問

５月最後の日、31日は、「聖母の訪問の祝日」です。マリアは天使のお告げを受け、「お言葉どおり、この身になりますように」と答えたそのすぐ後、「急いで山里に向かい、ユダの町に行った」とルカの福音が述べています。いつも何気なく読み流しているこの個所ですが、ここで立ち止まって、マリアの行動にどんな意味があるのかを考えてみます。

１００キロもの道のりを、どんな交通手段で、誰と？

マリアは、ナザレ村に住んでいました。天使のお告げを受けた直後、マリアはナザレを発ち、ユダの町を通って、ザカリアの家に入り「エリザベトに挨拶した」とルカの福音が語っています。マリアの足跡を辿《たど》ってみましょう。まず、目的地の「ザカリアの家」はユダの町の向こう側、エルサレムの市街を抜けてさらに遠方です。距離は片道どれくらいなのか。どのようにしてそこまで行ったのか。ひとりで行ったのか、誰かが一緒だったのか。……　福音書には何も書いてありません。

ここで、ルカによる福音が語る「善きサマリア人の話」の中で、サマリア人の旅人が遭遇した災難を思い出します。旅人がエルサレムからエリコへ下る道で追い剥《は》ぎに遭《あ》い、半死半生の目に遭ったという出来事です（ルカ10－30～36）。そんな危険に出くわすかもしれないエルサレムへの道を、若い女性が一人でどのように通過したのだろうか、と考えてしまいます。

そのあたりがどう説明されているかを調べると、福音記者のルカは、そういうことをあまり気にしていないようです。

そのため、中には「これは後から作り上げた伝説だ」のひと言で片付けてしまう学者がいるほどです。

それはともかくとして、マリアがお告げを受けた直後に旅立っていることから見ると、天使からの告知を受けた場面は非常に重大な分岐点であったと思われます。なにしろその後、彼女は故郷を留守にしているのですから。誰かと相談して決めたのでしょうか。ヨセフという人との話し合いはどうなっていたのか、マリアの家族の反応はどうであったのか――エリザベトは親戚でした。洗礼者ヨハネの母になるわけですが、マリアの突然の訪問は、エリザベトが妊娠して6ヵ月経った時期のことでした。

聖書に出ている地図を基に、おおよその距離を測ってみると、ナザレからザカリアの家までは優に100キロメートルはあると思われます。歩いて移動するとしたら、相当の日にちを要するに違いありません。

イエス誕生後の話ですが、「ヨセフとマリアとイエスの一家は、毎年、過越しの祭りのために、エルサレムまで巡礼していた」（ルカ2－41参照）とあります。ある年、家族と一緒に巡礼していたイエスが行方不明になったことがあります。マリアとヨセフは親類や知人の間を探し回りましたが、どこにも見当たらなかったといいます。三日後、やっと両親はイエスを神殿の境内で見つけたのでした。この話から分かるように、ナザレからエルサレムの先まで巡礼するには何日もかかるのが普通でした。その間を往復するとなると、かなりの日数を費やしていたと思われます。

エリサベトの家はユダの町のさらに先なのです。マリアは受胎告知を受けてから間がないにもかかわらず、本当に身軽に長い道のりとなるザカリアまで出掛けて行き、エリザベトの家に到着したことになります。

おとめマリアの人となり・・

わたしたちは、マリアをどのような人と考えているのでしょうか。人々が持つそのイメージはどのようなものでしょうか。イエスを産むと別の清楚な寒村の少女といってもよいおとめは、どんな人だったのか。ルカの描くところでは「非常に決断が速い」し、「行動を厭《いと》わない人」であったというように思われます。

さらに、ルカの福音に出てくる「マリアの賛歌」は、今も教会が非常に大切にしている祈りの一つで、「教会の祈り」（聖務日課）の「晩の祈り」の中で毎日唱えられています。

「マリアの賛歌」の最初の言葉は、ラテン語で「マグニフィカト」と言います。これは「あがめる」という意味の言葉です。この中で、何が言われているか、丁寧に読んでみると福音的と言うか、あるいは、革新的と言ってよいのか、そのような内容が述べられているのです。

おおづかみに言うと、「思い上がる者を打ち散らし、権力ある者をその座から引き降ろし、身分の低い者を高く上げ、飢えた人を良い物で満たし、富める者を空腹のまま追い返されます」と謳《うた》いあげられています。

すなわち、「(当時の) 社会の在り方は、神様のみこころに適《かな》っていない。社会の在り方をひっくり返さなければならない」と言っているのです。「人々を押さえつけ、締め上げ、そして搾《しぼ》り取っている支配階級の人たち、そのような人たちは、引きずり下ろされなければならない。貧しい人、飢えた人が大切にされ、そして権力ある人、富んでいる人は、その力を振り回さず、腰を低くして一歩下がらなければならない。それが神様のみこころですよ」と言っているようです。

日頃、この祈りをそのような意識で唱えている信者は少ないかもしれません。しかし実は、少女マリアを通して神様が、「現下の社会の状態は、わたしのこころに適っていない。いま支配階級にある人々は、わたしのこころに適っていない」と宣告していることになります。

この日読まれるの第一朗読の言葉も合わせて考えてみましょう。

「兄弟愛をもって互いに愛し、尊敬をもって互いに相手を優れた者と思いなさい」(ロマ12－9)

尊敬をもって互いに相手を優れた者と思う――これは、易しいことではないと思います。わたしたちがすぐにやりがちなことは「人を見下すこと」で、相手が駄目だと判断するのは速いのですが、相手を優れた者と思うことは、なかなかできないことです。人の欠点をあげつらうことは得意ですが、人の良い所、優れた所を見つけるということは、わたしたちは、あまり得意ではありません。

２０１７年11月20日に終了した「いつくしみの特別聖年」中に、フランシスコ教皇は何度も繰り返して、どのような人にも与えられている「神様の似姿」「神の美しさ」「神の恵み」を認め、それを尊重するようにしなさい、と言っておられました。

ご一緒に開いた福音書の個所から、おとめマリアはこの聖書の教え、旧約聖書を貫いている「あわれみの神」の教えに深く分け入った人ではなかったか、という気づきを分かち合いたいと思います。

福音を読む❷マタイ１－18～24

キーワード

イエスの誕生とヨセフ

【福音】

イエス・キリストの誕生の次第は次のようであった。母マリアはヨセフと婚約していたが、二人が一緒になる前に、聖霊によって身ごもっていることが明らかになった。夫ヨセフは正しい人であったので、マリアのことを表ざたにするのを望まず、ひそかに縁を切ろうと決心した。このように考えていると、主の天使が夢に現われて言った。

「ダビデの子ヨセフ、恐れず妻マリアを迎え入れなさい。マリアの胎の子は聖霊によって宿ったのである。マリアは男の子を産む。その子をイエスと名付けなさい。この子は自分の民を罪から救うからである」。

このすべてのことが起こったのは、主が預言者を通して言われていたことが実現するためであった。

「見よ、おとめが身ごもって男の子を産む。その名はインマヌエルと呼ばれる。」

この名は、「神は我々と共におられる」という意味である。ヨセフは眠りから覚めると、主の天使が命じたとおり、妻を迎え入れ［た］。

マリアの婚約者ヨセフが見た夢

「マタイによる福音」のこの箇所は待降節第4主日（A年）に読まれます。この中にヨセフという人の話が出てきます。ご存知のように、ヨセフはマリアの夫となった人であり、イエスの父・養父とされた人です。

東京カテドラルの庭にはヨセフのご像があります。大聖堂の向かい側・西側の一番端に建っています。ヨセフ像は左の手を胸に当てています。そして像の台座には、「受け容れるヨセフ」という銘が入っています。

ヨセフは自分の許嫁が妊娠したので大変悩んだに違いありません。そしていったんは秘かに「縁を切ろう」と決心しました。ところが、天使が夢に現われて「マリアに宿った子は聖霊によるものである」と告げました。

聖マリア大聖堂前庭にある像の台座に刻まれた「受け容れるヨセフ」が、その夢の前なのか、お告げを受けた後なのかは分かりませんが、「どうしたことだろう」「どうしたらいいだろう」と思い悩んだことは想像に難くありません。マタイは「夢の中でお告げを受けてヨセフは眠りから覚めると主の天使が命じた通り妻を迎えた」と書いていますから、それを考えると、悩んだのは夢の後でしょうか。

わたしたちも寝ている間に夢を見ることはありますけれども、「夢の中で告げられたことを信じて行動に移す」ということはほとんどありません。しかし昔から、「夢というものは、人間の深い心の中に人間を越えた存在が働きかける場所・機会である」という考えがあるようです。ヨセフは自分の夢に現われた天使のお告げを信じてマリアを受け容れました。この二人――マリアとヨセフ――が夫婦としてイエスを養い育てたわけです。

この天使のお告げについて二人が話し合ったのかどうか、聖書は何も語っていません。ただ、ルカの福音に、「天使ガブリエルがマリアに現われて、マリアに神の子の母となることを求めた」という話が出ているだけです。いずれにせよ二人は神様の御心に従い、聖霊によって宿った御子を受け取り、養い、育てました。

養父・ヨセフの誠実で地道な信仰

ヨセフという人は教会の歴史の中で次第に多くの人の尊敬と崇敬を集めるようになりました。教皇ベネディクト16世の霊名もヨセフでしたが、生前退位を決心される直前に、ミサの奉献文の中にヨセフの名前を挿入することを決められました。それまでも第一奉献文にはヨセフの名前がありましたが、第二・第三・第四奉献文にはヨセフの名前がなかったのです。そこでベネディクト16世はどの奉献文の中にもヨセフの名を挿入するようにと決められになったのでしょう。

ヨセフという人物は大変誠実で地味な方でした。イエスは成長して30歳を過ぎた頃に宣教活動を開始して公生活に入られたのですが、その時養父・ヨセフは既に亡くなっていたようです。

それはともかくとして、あらためて考えたいのは、このヨセフという人の信仰です。ヨセフは幼子イエスを守り、エジプトに避難しました。これはヨセフがいなければできないことです。か弱い女性と幼子にはどうしようもなかったでしょう。ヨセフはマリアとイエスをエジプトまで連れて行き、避難家族としてしばらく滞在した後、帰って来てナザレに居を定めたわけです。そして静かな日々が流れていきます。その間にイエスは成長し、自分の使命についての思いを深めていったのだろうと思われます。

今、わたしたちはクリスマスの次の主日を「聖家族の祝日」として祝います。マリアとヨセフの夫婦は神の御心を受け容れ、そしてイエスを養い育てました。

話は現代に飛びますが、２０１４年10月、ローマで司教代表者会議が開かれて、全世界の司教の代表者が集まり、「家庭」をテーマに話し合いました。「宣教における家庭の役割」「家庭を通しての福音宣教」という課題を話し合ったのです。その前提として会議事務局は全世界の司教協議会（司教団）に対して質問状を送り、各地の「家庭」はどういう状況にあるか、「教会の教え」は家庭を通してどのように伝わっているのか、家庭が「教会の教え」を守ることにどんな困難があるか——などについて、聞き取り調査をし、その結果は代表司教会議で詳しく考察されました。

そのことでも分かるとおり、教会は「家庭」を非常に大切な「社会の最小単位」と位置付けています。人間が最初の教育を受けるところが「家庭」です。そして、人間としての教育の基礎の上にわたしたちの信仰生活があります。それが、しっかりとした「家庭」を作っていかなければならない理由です。とするなら、結婚前の準備というものが非常に大切となることもまた、分かっていただけるでしょう。

「お告げの祈り」の勧め

もう一つのことを申し上げて本稿の「結び」とします。主日のミサで使用される式文「聖書と典礼」の最後のページには、「各年共通用公式祈願」が出ています。今、通常唱えているのは日本の教会が作った「試作の祈り」なので、従来唱えていた祈りを最後のページに収めているのです。その中に、こんな祈りがあります。

「恵み豊かな父よ、わたしたちの心にいつくしみを注いでください。恵みを注いでください。あなたの御子キリストが人となられたことを天使のお告げによってわたしたちは知りました。御子の苦しみと十字架を通してわたしたちも復活の栄光に与ることができますように。」

これは「お告げの祈り」の時の祈願文です。待降節第四主日の「集会祈願」の文言が「お告げの祈り」の祈願になっています。

最近は、「お告げの祈り」を日課として唱える方も少なくなっているようですが、かつては1日3回、鐘の音に合わせて「お告げの祈り」を唱えるという美しい習慣がありました（今も教会は信者の皆さんに、お告げの祈りを勧めています）。

天使のお告げを受けて神の母となったおとめマリアは、お告げを受けた時、天使に向かって「お言葉どおり、この身になりますように」と言いました。そのことを「お告げの祈り」を唱えることによって思い起こします。そして祈りの後半ではさらに、「（御子イエス・）キリストの受難と十字架を通して復活の栄光に達することができますように」と祈るわけです。

　ですから、イエス・キリストがわたしたちと同じ人間となってくださったこと、そして十字架に掛かってわたしたちの罪を贖い、わたしたちを復活の栄光に招いておられること――すなわちわたしたちの信仰の中心・根幹――を心に銘じるために、毎日この祈りを唱えることが勧められているのです。本書を手に取られたあなたにもぜひ、この「お告げの祈り」がミサで唱えられていたことを思い起こしていただきたいと願います。

　なお、待降節第四主日の第二朗読で、使徒パウロは、「イエス・キリストは、肉によればダビデの子孫とされていますが、聖なる霊によってわたしたちを復活の栄光にあずからせる神の御子とされました」という教えを述べています。わたしたちが日々、主イエスの受肉・受難・十字架・復活の神秘に生きることができますように、と祈りましょう。

福音を読む❸ルカ2－16～21

キーワード

神の母聖マリア

【福音】

そして〔その時、羊飼いたちは〕急いで行って、マリアとヨセフ、また飼い葉桶に寝かせてある乳飲み子を探し当てた。その光景を見て、羊飼いたちは、この幼子について天使が話してくれたことを人々に知らせた。聞いた者は皆、羊飼いたちの話を不思議に思った。しかし、マリアはこれらの出来事をすべて心に納めて、思い巡らしていた。羊飼いたちは、見聞きしたことがすべて天使の話したとおりだったので、神をあがめ、賛美しながら帰って行った。八日たって割礼の日を迎えたとき、幼子はイエスと名付けられた。これは、胎内に宿る前に天使から示された名である。

平和の基礎・兄弟愛を阻むもの

年の初め、元旦はイエスの降誕の日から八日目であり、教会はこの日を「神の母聖マリアの祭日」として祝います。

イエスは生まれて八日目に「イエスと名付けられた」（ルカ２－21）のでした。

また元日は前章で触れたように「世界平和の日」であり、この日のために教皇は毎年メッセージを発表します。２０１４年の「世界平和の日」に向けた教皇フランシスコのメッセージは、「兄弟愛」がテーマになっていました。教皇はそのメッセージの中で、「兄弟愛は平和への道であり平和のための基礎である」と述べておられます。

このメッセージを読んでわたくしが理解し、あるいは考えた点をいくつか申し上げます。

「兄弟愛」は平和を築くために不可欠な要素です。すべての人を兄弟として受け入れ大切にする兄弟愛がなければ、公正な社会や、堅固で持続的な平和を築くことはできません。

人が兄弟愛を最初に学ぶ場所は前述したように「家庭」です。家庭は平和の基盤であり、平和に至る最初の道です。そして家庭の使命は「兄弟愛を世界に広める」ことです。

しかし人の心の中には時として、兄弟愛に反する悪、兄弟への嫉妬と憎しみが生まれます。旧約聖書の「創世記」は、アダムとエバから生まれた最初の兄弟、カインとアベルの物語を記しています。

それによると、カインとアベルはそれぞれ神に献げものをしましたが「主はアベルとその献げものに目を留められたが、カインとその献げものには目を留められなかった」（創世記４－４～５）のでした。カインは嫉妬に駆られ、アベルを殺します。神が「お前の弟は、どこにいるのか」とカインに尋ねられたとき、カインは答えました。「知りません。わたしは弟の番人でしょうか」

（創世記4－9）。「それはわたしの知ったことではない」という意味です。

なんと悲しい言葉でしょうか。カインは弟を兄弟ではなく自分の敵と見做《みな》しました。カインにとっては自分だけが大切であり、兄弟は自分にとって邪魔な存在、自分の利益を損なう存在に過ぎませんでした。このように、利己主義は兄弟さえも「自分の敵」と見做します。

兄弟愛は隣人への無関心によっても実行が阻まれます。

金持ちとラザロの話（ルカ16－19～21）を思い出してみましょう。金持ちは毎日贅沢に遊び暮らし、自分の家の門の前にいる貧しい哀《あわ》れなラザロには何の関心も寄せませんでした。彼はラザロを自分の兄弟として受け入れ、彼を助けなければならなかったのです。この金持ちも利己主義に捉えられていました。

最後の審判のときに主イエスは言われます。「はっきり言っておく。この最も小さい者の一人にしなかったのは、わたくしにしてくれなかったことである」（マタイ25－45）。

現在、世界中では何百万もの人が飢餓《きが》に瀕《ひん》しています。他方、あり余る食べ残しの食事がむだに捨てられています。すべての人を養うに十分な食料が生産されているのにもかかわらず、必要な人々の元には行き渡っていないのです。これも無関心からくる利己主義の結果です。

教会の社会教説が教えているように、「財貨は万人のためにある」のです。財貨を所有し管理する立場におかれている者は、財貨を必要とする人のため、貧困、飢餓、病気などで苦しんでいる兄弟のためにこそ、財貨を活用しなければなりません。

兄弟愛は自分の出会う人の必要に心を開きます。あの有名なサマリア人の話（ルカ10－25～37参照）を一読すれば分かるように、「兄弟愛は民族や国家の枠を超えて、隣人の必要に自分を献げること」なのです。

愛は隣人に悪を行いません（ローマ13－10）。

この原則は国際関係にも適用できます。わたしたちは自国の立場を理解してもらう努力をしなければなりませんが、それ以上に隣国、あるいは他国の必要と要望を理解するよう努め、他国を傷つけ損なう言動は厳に慎まなければなりません。

わたしたちは、十字架によって「敵意」という隔ての壁を取り壊したキリストに倣《なら》い、国家と国家の間の対立と分裂を克服し、キリストのうちに新しい人類を造り出すよう求められています（エフェソ2－14～16参照）。すべての政治活動、すべての経済活動が兄弟愛の精神によって行われるのでなければ、地上に平和を実現することはできないのです。

神の母聖マリアの祭日に当たる元旦には、聖母の取り次ぎによりわたしたちに真の兄弟愛が与えられるよう、聖霊の導きを願って祈りましょう。

福音を読む❹ルカ４―１〜13

キーワード

荒れ野で受けた誘惑

【福音】

〔そのとき、〕イエスは聖霊に満ちて、ヨルダン川からお帰りになった。そして、荒れ野の中を「霊」によって引き回され、四十日間、悪魔から誘惑を受けられた。その間、何も食べず、その期間が終わると空腹を覚えられた。

そこで、悪魔はイエスに言った。「神の子なら、この石にパンになるように命じたらどうだ。」イエスは、「『人はパンだけで生きるものではない』と書いてある」とお答えになった。

さらに、悪魔はイエスを高く引き上げ、一瞬のうちに世界のすべての国々を見せた。そして悪魔は言った。「この国々の一切の権力と繁栄とを与えよう。それはわたしに任されていて、これと思う人に与えることができるからだ。だから、もしわたしを拝むなら、みんなあなたのものになる。」

イエスはお答えになった。「『あなたの神である主を拝み、ただ主に仕えよ』と書いてある。」

そこで、悪魔はイエスをエルサレムに連れて行き、神殿の屋根の端に立たせて言った。「神の子なら、ここから飛び降りたらどうだ。というのは、こう書いてあるからだ。『神はあなたのために天使たちに命じて、あなたをしっかり守らせる』。また、『あなたの足が石に打ち当たることのないように、天使たちは手であなたを支える。』」
イエスは、「『あなたの神である主を試してはならない』と言われている」とお答えになった。
悪魔はあらゆる誘惑を終えて、時が来るまでイエスを離れた。

さまざまな誘惑のかたち

ナザレのイエスはヨルダン川で洗礼を受けたのち、荒れ野で40日にわたり、悪魔からあらゆる誘惑を受けたのですが、その誘惑にことごとく打ち勝ちました。イエスは3回の誘惑に対して、すべて聖書の言葉をもって反撃し、神への信仰に従って、悪霊の誘惑をすべて退けたのでした。

実は、イエスが受けた誘惑は、わたしたちが日々受けている誘惑と同じ形態のものです。教皇ベネディクト16世は、「信仰年」を告げる教皇自発教令「信仰の門」の中で、『イエスは「信仰の創始者、また完成者」』（ヘブライ12－2）である」と述べています。

四旬節の起源である「荒れ野におけるイエスの40日間の闘い」は、まさに信仰の闘いでした。大きく括《くく》ってみると――

第一の誘惑は、経済価値を、神の言葉より優先させようとする誘惑でした。
第二の誘惑は、地上の権力と繁栄を、神の権威より優先させようとする誘惑でした。

第三の誘惑はもっとも深刻な誘惑です。それは「神の全能の力を疑い、神への信頼を失い、神を試みる」という誘惑でした。

イスラエルの民は、エジプトから脱出した後、荒れ野で飲料水の欠乏に苦しむうちに神の力を疑い始め、神への信頼を失ってしまい、神に向かって不平を言ったのでした（出エジプト17－1～7、民数記20－1～13）。わたしたちが「教会の祈り」で唱える「詩編95」もイスラエルの民の不信仰を語っています。

神は、わたしたちの神、
わたしたちは神の民、その牧場の羊。
きょう、神の声を聞くなら、
メリバのあの日のように、
マッサの荒れ野の時のように、
神に心を閉じてはならない。
「あのとき、あなたがたの先祖たちは
わたしのわざを見ていながら、
わたしをためし、わたしを試みた。
四十年の間、わたしを悩ませた世代に、

わたしは憤《いきどお》って言った。
『かれらは心の迷った者、わたしの道を知らぬ民。
彼らは安息の地に入れない。』」（詩編95－7～11）

イスラエルの民は困難の中で神の導きを疑い、40年間荒れ野を彷徨《ほうこう》するという罰を受けました。それに対してイエスは、「あなたの神である主を試してはならない」という申命記（6－16）の言葉によって、この誘惑を退けたのでした。

人は苦難にあるとき、つい、「神の存在と導きに疑いを持つ」という誘惑を受け、その誘惑に負けてしまいがちです。しかしナザレのイエスは受難に際しても、父である神の手にすべてを委ねたのでした。

わたしたち人間の生涯は試練の連続です。試練の中で、わたしたちの信仰は試され磨かれます。かつてわたしたちは「主の祈り」の中で、「試みに引き給わざれ」（文語体の祈り）と祈っていました。「試練に負けないようお守りください、どうかわたしたちの信仰を強めてください」という意味です。現在の口語訳では「わたしたちを誘惑に陥《おちい》らせず、悪からお救いください」となっています。「試み」は「誘惑」へと言い替えられました。調べて見ると、原文は「ペイラスモス」という単語で、「試練」とも「誘惑」とも読むことができます。

ところで、神は決して人を誘惑しません（ヤコブ1－13）。人が自分の欲望に引かれて誘惑に陥るのです。人間の欲望と弱さに悪霊はつけこんできます。誘惑する悪霊は、自分から「これは誘惑だ」とは言いません。試練であるのか誘惑であるのか、区別は微妙です。

わたしたちの祈りは、「試練」と「誘惑」を識別する聖霊の導きを願うことではないでしょうか。

わたくしはそうした祈りの仕方を、とくに洗礼志願者の皆さんに勧めたいと思います。洗礼を望まれる方々は、今後生涯の支えとなる信仰生活の中で日々、「誘惑に陥りませんように」「誘惑に負けませんように」、そして「試練に打ち勝つことができますように」と祈り続けてください。

福音を読む❺ルカ1―1〜4、4―14〜21

キーワード

聖霊の促しに応える

【福音】

わたしたちの間で実現した事柄について、最初から目撃して御言葉のために働いた人々がわたしたちに伝えたとおりに、物語を書き連ねようと、多くの人々が既に手を着けています。そこで、敬愛するテオフィロさま、わたしもすべての事を初めから詳しく調べていますので、順序正しく書いてあなたに献呈するのがよいと思いました。お受けになった教えが確実なものであることを、よく分かっていただきたいのです。

［さて、］イエスは「霊」の力に満ちてガリラヤに帰られた。その評判が周りの地方一帯に広まった。イエスは諸会堂で教え、皆から尊敬を受けられた。

イエスはお育ちになったナザレに来て、いつものとおり安息日に会堂に入り、聖書を朗読しようとしてお立ちになった。預言者イザヤの巻物が渡され、お開きになると、次のように書いてある個所が目に留まった。

「主の霊がわたしの上におられる。
貧しい人に福音を告げ知らせるために、主がわたしに油を注がれたからである。

主がわたしを遣わされたのは、捕らわれている人に解放を、
目の見えない人に視力の回復を告げ、圧迫されている人を自由にし、
主の恵みの年を告げるためである。」

イエスは巻物を巻き、係の者に返して席に座られた。会堂にいるすべての人の目がイエスに注がれていた。そこでイエスは、「この聖書の言葉は、今日、あなたがたが耳にしたとき、実現した」と話し始められた。

イザヤの預言の成就を宣言する「油注がれた人」

ヨルダン川で洗礼者ヨハネから洗礼を受けたイエスは、聖霊に満たされて帰り、荒れ野に赴《おもむ》いて悪霊の誘惑を退け、霊の力に満ちて、ガリラヤに帰られました。

安息日には、お育ちになったナザレの会堂に入って「イザヤの預言」の巻物を開かれ、次の箇所を目に留められます。

「主の霊がわたしの上におられる。貧しい人に福音を告げ知らせるために、主がわたしに油を注がれたからである。主がわたしを遣わされたのは、捕らわれている人に解放を、目の見えない人に視力の回復を告げ、圧迫されている人を自由にし、主の恵みの年を告げるためである。」

イエスは、イザヤ預言者が述べている「主の霊を受ける人」とはまさに自分のことであるとして、イザヤの預言の成就を宣言されました。

「キリスト」とは「油注がれた人」という意味であり、「油注がれる」とは「聖霊の恵みを受ける」という意味です。「イエス・キリスト」とは「聖霊に満たされた人」「霊の力に満ちた人」の意でした。

わたしたちも洗礼を受けてキリスト者の列に連なっています。わたしたちの教会は聖霊降臨によって誕生したのですが、実に教会とは、「神の霊＝聖霊を受けた神の民」なのです。わたしたちは洗礼により神の霊を受け、また堅信の秘跡によって聖霊の賜物を受けた「神の民」です。

年間第3主日の第二朗読は「コリントの教会への手紙」（12－12～30）ですが、それによれば、教会は「キリストの体」とも言われます。パウロの言葉を借りるなら、わたくしたち教会は「同じ神の霊を受けたキリストの体」です。人間の体にいろいろな部分があるように、キリストの体にもいろいろな役割があります。

実際、人間の体には多くの部位があり、どの部位・部分も大切な役割を果たしています。必要のない部分はありません。体の各部分は互いに他の部分を必要としていて、それらが助け合い、互いに配慮し合っています。「一つの部分が苦しめば他の部分も苦しむ」とパウロは言っています。人間の体はそのようにできている、とわたしたちは実感しています。

そして、わたしたちの教会は「キリストの体」です。そこで、教会の中に人間の体のような有機的一致があるかどうかを考えてみましょう。

教会の中にはいろいろな人がいますし、いろいろな働きがあります。それらの人も組織も、同じ聖霊の働きを受けていますす。とはいえ、対立や矛盾、分裂から完全に免れているわけではありません。わたしたちはそのことを日々、痛いほど体験しています。

率直に言えば、わたしたちはいつも不一致に悩んでいます。同じ聖霊を受けているのに、どうしてそうなるのでしょうか？

思うに、それはわたしたちと聖霊の一致が不十分だからです。言うまでもなく「一致」とは、わたしたちの間に相違がなくなることではありません。わたしたちは互いに異なる存在です。一人ひとりが異なるその相違点を、互いに尊重し補い合って初めて、一致が実現します。

実践の人、尊者・北原怜子に倣おう

その「一致」を人生の中で実践し得た人を、わたしたちは「聖人」と呼んで尊敬します。聖人とは聖なる人、つまり「聖霊の勧めによく従って生きた人」です。よく祈り、神の言葉をよく学び、イエス・キリストの生涯によく倣《なら》って生きた人が聖人です。

わたしたちの人生には困ったこと、悲しいこと、いやなことがあります。祈りを献げてそれらの思いを克服し、聖人に倣って神様の力、聖霊の力をいただき、喜びのうちに感謝を献げながら人生を全うしたいものです。

実際、教会の歴史上、私たちが生き方の手本にしたい聖人はたくさん現われています。教会は、その生き方が人々の模範になるような人を公的に「聖人」と認めていますが、聖人のような生き方を実践した人の例が私たちの身の回りにあることを、私たちは知っています。

身近な例を挙げるなら、「尊者、エリザベット・マリア北原怜子」も、その一人です。

北原さんは首都・東京の湾岸地区、「蟻の町」に住み、人々と一緒に生活して廃品回収の仕事を行いました。厳しい生活のなかで病気のため、29歳の誕生日を迎える前に、主に召されます。１９５８年1月23日のことでした。現在、蟻の町があった地点にはカトリック東京教区の「潮見教会」があり、その敷地内に北原さんのブロンズ像が建っています。

２００８年に潮見教会で「北原怜子さん帰天50周年」の記念行事が行われた折、わたくしは招かれてミサを献げました。その日、生前の北原さんと一緒に生活しておられた外側志津子さんの講演を聴きました。外側さんによると、北原さんは狭い粗末な小屋に住み、病床にあって、いつも窓から外を通る人に微笑みを送り励まし慰めていたということです。

今の社会の状況は北原さんが生きた50年前とはすっかり変わってきています。50年の間に日本は経済的には大いに発展しましたが、大切なものをなくしています。孤立し孤独に苦しむ人が増えました。

今、わたしたちに必要なのは、聖霊の促しに従う生活です。、すなわちこの世の精神から解放され離脱した生活、言い換えれば質素、清貧、貞潔、自己放棄、そして賢明で忍耐強さを実践する「証《あか》しの生活」ではないでしょうか。そのような生活を送ろうと心がける私たちにとって北原さんが模範となる所以《ゆえん》です。

わたしたちの教会は、信者の模範となる生き方を貫いた人について「聖人」と公認する前の段階で「主のはしため」「尊者」などの尊称を与えます。

２０１５年1月22日、それまで「主のはしため」と呼ばれていた北原さんは、教皇フランシスコによって「尊者」の称号を受けました。したがってそれ以後は「尊者エリザベト・マリア北原怜子」と呼んでいます。

過ぐる年、わたしたちは教皇様の意向に従い、「第2バチカン公会議開始50周年」を記念して「信仰年」を過ごしました。「信仰年」とは「信仰を深める年」の意です。その年、年間第3主日の第一朗読で、次の言葉が心に強く響きました。

「今日は、我らの主に献げられた聖なる日だ。悲しんではならない。主を喜び祝うことこそ、あなたたちの力の源である。」（ネヘミヤ8－10）

その言葉に心を満たされながら、「主のはしため、エリザベト・マリア北原怜子の取り次ぎを求める祈り」を唱えたのでした。

その年はもちろんのこと、これからはいつどの年にも「尊者エリザベト・マリア北原怜子の取り次ぎを求める祈り」をご一緒に祈り、少しでも北原さんに倣《なら》って生きることができるよう、聖霊の導き、聖霊の助けを願い求めましょう。北原怜子さんの生涯に倣うことは立派な信仰の養成になると思います。

主よ、あなたは
尊者エリザベト・マリア北原怜子に
多くのめぐみをお与えになりました。
とりわけ東京で戦争の犠牲になり、顧みられなかった貧しい人々に喜びをもって自らを与え、
輝く証しのうちに信仰生活をおくる力をあたえてくださいました。
また汚れなきみ母マリアのご保護のもとに
小さな人々の育成と援助に愛をもって生涯を献げる恵みをもお与えくださいました。
わたしたちは彼女を通して示されたあなたの業に感謝いたします。
主よ、エリザベット・マリア北原怜子の取り次ぎによって、
あなたに真心をもって祈るわたしたちに、
言葉と行いの一致のうちに信仰を証ししていく力を与え、
あなたを求めるすべての人に信仰の光を与えてください。
また、いま信頼をもって祈るわたしの願いを聞き入れてください。
わたしたちの主イエス・キリストによって。アーメン。

福音を読む❻ルカ11・1―13

キーワード

主の祈り

【福音】

イエスはある所で祈っておられた。祈りが終わると、弟子の一人がイエスに、「主よ、ヨハネが弟子たちに教えたように、わたくしたちにも祈りを教えてください」と言った。

そこで、イエスは言われた。「祈るときには、こう言いなさい。

『父よ、御名が崇められますように。

御国が来ますように。

わたしたちに必要な糧を毎日与えてください。

わたしたちの罪を赦してください、

わたしたちも自分に負い目のある人を皆赦しますから。

わたしたちを誘惑に遭わせないでください。』」

また、弟子たちに言われた。「あなたがたのうちのだれかに友達がいて、真夜中にその人のところに行き、次のように言ったとしよう。『友よ、パンを三つ貸してください。旅行中の友だちがわたしのところに立ち寄ったが、何も出すものがないのです』。すると、その人は家の中から答えるに違いない。『面倒をかけないでください。もう戸は閉めたし、子供たちはわたしの傍《そば》で寝ています。起きてあなたに何かをあげるわけにはいきません。』

しかし、言っておく。その人は、友だちだからということでは起きて何か与えるようなことはなくても、執拗《しつよう》に頼めば、起きて来て必要なものは何でも与えるであろう。

そこで、わたしは言っておく。求めなさい。そうすれば、与えられる。探しなさい。そうすれば、見つかる。門を叩きなさい。そうすれば、開かれる。誰でも、求める者は受け、探す者は見つけ、門を叩く者には開かれる。

あなたがたの中に、魚を欲しがる子供に、魚の代わりに蛇を与える父親がいるだろうか。また、卵を欲しがるのに、さそりを与える父親がいるだろうか。

このように、あなたがたは悪い者でありながらも、自分の子供には良い物を与えることを知っている。まして天の父は求める者に聖霊を与えてくださる。」

「主の祈り」は何を祈るのか

ルカの福音11章に「主の祈り」が出てきます。この祈りは昔から、「福音の要約」といわれている大切な祈りです。「主の祈り」はマタイによる福音の6章にも出ています。わたしたちがミサの中で唱える「主の祈り」はマタイから採られた祈りです。

そこで、「主の祈り」の意味を深く味わいながら、わたしたちの信仰が主のみ旨に沿うものとなるよう願いながら、考察したいと思います。

「主の祈り」は前半と後半に分けられます。前半ではまず、神のみ心がこの世で行われることを願います。その後で自分たちの必要を願うのです。この順番が大切です。

言うまでもなくわたしたちが祈るという行為は、神を通して自分の願望を実現させることではありません。この地上において神のみ心が行われることを願い、神の国の実現に自分を献げることです。わたしたちを通して神のみ心が行われるよう願い、そのために祈るのです。

わたしたちが神のみ心、神のみ旨を行うためには、神のみ旨を知らなければなりません。そこで、神のみ旨を示してくださるように、との願いを込めて祈らなければならないと思います。そしてさらに、神のみ旨を知ったらそれを行うことができるよう、神の導きと神の恵みをお願いしなければなりません。わたしたちは罪深く、また自己中心的な思いにとらわれがちなので、神のみ心を実行するには力が足りません。したがってどうしても、聖霊の助けを願わなければならないのです。

「主の祈り」の後半でルカの福音は、「わたしたちの罪を赦《ゆる》してください、わたしたちも自分に負い目のある人を皆、赦しますから」（ルカ11－4）と祈り、わたしたちが原罪・自罪を背負う罪人であり、神に対して、隣人に対して、大きな借りを持っていることを認めています。

同じくだりが、マタイの福音では、「わたしたちの負い目を赦してください、わたしたちが自分に負い目のある人を赦したように」（マタイ6－12）となっています。

マタイが「わたしたちも・・・赦したように」と記している点に注目しましょう。神に赦しを願う場合、わたしたちは他人が自分に対してもっている負い目を既に帳消しにしていなければならない、とマタイは言っているのです。

これは肝に銘じるべき教えです。わたしたちも自らを省みましょう。そうしているでしょうか。そうできるでしょうか。

「人を赦す」とは、「その人の行った悪に目をつぶる」ということではありません。では、どうすることが人の罪を赦すことになるのでしょうか。

イエスは十字架の上で祈りました。

「父よ、彼らをお赦しください。自分が何をしているのか知らないのです。」（ルカ23－34）

パウロも言っています。

「あなたがたを迫害する者のために祝福を祈りなさい。……誰に対しても悪に悪を返さず、すべての人の前で善を行うように心がけなさい。……悪に負けることなく、善をもって悪に勝ちなさい。」（ロマ12－14、17－21）

人を赦すこと自体、人間にとっては難しいことです。神の恵みなしにはできません。赦すとは単に「人を責めない」ということではなく、その人の上に神の祝福を祈り、その人が心から悔い改め、神の愛によって生かされるようになることを願い、そのために祈り、そのために自分にできることをする――ということです。

何よりまず、自分自身が赦されるべき者であり、キリストの十字架によって罪の贖いを受けているということを、深く心に刻みましょう。

アブラハムはソドムとゴモラの罪の赦しを神にとりなしました。今、わたしたちは「罪の赦しをとりなす仲介者」として主イエス・キリストを与えられています。また聖母マリアをはじめ、多くの聖人、殉教者に、主キリストへのとりなしを願うこともできます。

心から人を赦すことができるよう、そのとりなしを聖母マリアに願いましょう。

福音を読む❼ルカ9－23

キーワード

十字架を担う生き方

【福音】

イエスがひとりで祈っておられたとき、弟子たちは共にいた。そこでイエスは、「群衆は、わたしのことを何者だと言っているか」とお尋ねになった。弟子たちは答えた。「『洗礼者ヨハネだ』と言っています。ほかに、『エリヤだ』と言う人も、『だれか昔の預言者が生き返ったのだ』と言う人もいます」。イエスが言われた。「それでは、あなたがたはわたしを何者だと言うのか」。ペトロが答えた。「神からのメシアです」。

イエスは弟子たちを戒め、このことをだれにも話さないように命じて、次のように言われた。「人の子は必ず多くの苦しみを受け、長老、祭司長、律法学者たちから排斥《はいせき》されて殺され、三日目に復活することになっている」。

それから、イエスは皆に言われた。

「わたしについて来たいと思うなら自分を捨て、日々、自分の十字架を背負って、わたしに従いなさい。自分のいのちを救いたいと思う者はそれを失うが、わたしのために自分のいのちを失う者は、それを救うのである」。

イエスの言葉の厳しさと優しさ

「わたしについて来たい者は、自分を捨て、日々、自分の十字架を背負って、わたしに従いなさい。」（ルカ９－23）

非常に厳しい言葉です。イエスはご自分の受難、死、そして復活の予告をした直ぐ後、そのように言われました。この言葉は、イエスの受難と復活という文脈のなかで読み取らなければなりません。

イエスは弟子となるものに、各々が自分の十字架を背負ってイエスに従うことを求めています。そして、自分の十字架を担うものはキリストの復活にも与ることになる、とイエスは教えています。

ところでイエスは次のようにも言われました。

「疲れた者、重荷を負う者は、誰でもわたしのもとに来なさい。休ませてあげよう。」（マタイ11－28）

この言葉は、よく教会の掲示板などに掲げられています。もしも掲示板に、「疲れた者、云々……」と言う聖句でなく、いきなり「わたしについて来たい者は、自分を捨て、日々、自分の十字架を背負って、わたしに従いなさい」という聖句が掲げられていたら、それを読んだ人は怯《ひる》んでしまい、「教会にいってみよう」とは思わないだろうと想像します。

人が生きるとは大変なことです。人生には四苦八苦の苦しみが伴います。人は安らぎを求めています。そのような人にいきなり「十字架を担いなさい」と言うのは、酷《むご》いことです。

しかし、「十字架を背負ってついて来なさい」と言われる方はまた、「疲れた者、重荷を負う者は、誰でもわたしのもとに来なさい。休ませてあげよう」とも言われました。

さらに続けて、「わたしは柔和で謙遜な者だから、わたしの軛《くびき》を負い、わたしに学びなさい。そうすれば、あなたがたは安らぎを得られる。わたしの軛は負いやすく、わたしの荷は軽いからである」（マタイ11－29～30）と言われたのです。

十字架と軛は同じでしょうか？　似てはいますが、同じであるとはいえないでしょう。しかしそれが重荷であり、苦悩であり、苦痛であるという点は共通しています。

「十字架を担いなさい」と言われた同じイエスが、「わたしの軛を負い、わたしに学びなさい。そうすれば、あなたがたは安らぎを得られる」と言われたことを、わたくしは深く心に留めたいと思います。

6月29日は初代教会のリーダー、聖ペトロを記念する祝日です。各地にはこの聖人を保護者と仰ぐ小教区がたくさんあります。

ペトロはキリストからその教会を託され最高指導者となった人で、イエスがご自分の受難を予告されたとき、それを聞いたペトロはこう言いました。

「主よ、御一緒になら、牢に入っても死んでもよいと覚悟しています。」（ルカ22－33）

いわば大見得を切ったのです。しかしその結果は惨《みじ》めでした。イエスの予告どおり、ペトロは鶏が鳴く前に3度も、「イエスを知らない」と言ってしまったのです。ペトロは自分の弱さを思い知りました。しかしそのペトロを、イエスは赦《ゆる》します。イエスの愛に包まれ、ペトロは深く悔い改めてイエスの教えの伝え手となり、ローマで殉教するという最期を遂げました。

人生は苦労の連続であり、労苦はまるで人生の軛のようです。しかし、イエスは言われました。

「わたしの軛は負いやすく、わたしの荷は軽い。」

神の御心に従ってそれを担い献げるとき、それはイエスの過越の神秘に繋《つな》がる愛の行為となります。

使徒パウロも言っています。

「今わたしは、あなたがたのために苦しむことを喜びとし、キリストの体である教会のために、キリストの苦しみの欠けたところを、身をもって満たしています。」（コロサイ1－24）

どうか主イエスよ、あなたが共に担ってくださる軛は負いやすく軽いことを悟《さと》らせてください。わたしたちが自分の十字架を背負うことを通して、死からいのちへの過越の神秘を深く悟ることができますように。

福音を読む❽ルカ15―1〜3、11〜32

キーワード

父と息子

【福音】

ルカ15章の「放蕩息子《ほうとうむすこ》」の譬《たと》えといえば、教外者の皆さまにもよく知られたお話です。が、よく味わってみるとこの話には、分かりにくいところ、納得できない部分があるかもしれません。腑に落ちない部分もありそうです。それはこの譬えに出てくる父親の、弟に対する態度ではないかと思います。

弟に甘いのではないか？　兄が怒るのももっともではないか？　父親は、このようにわがままな息子には、もっと厳しくしなければならないのではないか？　甘やかしては他の人に示しがつかない、と思われませんか？

仏教の法華経に「長者窮子《ちょうじゃぐうじ》の喩《たと》え」という、よく似た話があります。およそ次のような話で、話の大枠は放蕩息子の話と似ています。

――ある人に、家を出て行った息子がいました。父は自分も家を出て息子を捜し回る生活のなかで、あるところに、新しく立派な家を構えました。そこへ、みすぼらしい男が来て食べ物を乞いました。父親は、それが変わり果てた息子であることに気づきます。しかし父はすぐには親子の名乗りをせず、彼に卑《いや》しい業をさせて、性根を叩き直そうと決めます。修行が済み、自分の息子に相応《ふさわ》しい人間へと更正させてから、やっと自分が父であることを名乗り、彼を自分の跡継ぎであると認めて、関係者に紹介しました。――

父が示す放蕩息子への態度は甘い？

どちらかというと、仏教の話のほうが納得できます。ルカ15章の放蕩息子はしっくりきません。しかしここで「父はおかしい」「しっくりこない」と感じる自分の心を見つめてみましょう。

「イエスは徴税人や罪人と一緒に食事をしている」

ファリサイ派の人々や律法学者たちは、こう言ってイエスを非難しました。そこでイエスは彼らに向かって放蕩息子の譬え話をしたのです。「怒って家に入ろうとしなかった兄」はファリサイ派の人々や律法学者たちを指し、この寛大な父は「天の父」を指していると思われます。イエスにとって天の父とは、この父親のように心の寛《ひろ》い、慈《いつく》しみ深い方でした。

ところで、旧約聖書を読むと、どちらかといえば、神が怒りを顕《あら》わにしている場面が目立ちます。神は、イスラエルの民が神との約束を破り、他の神を拝むなどしたため激しく怒り、憤《いきどお》りを露わにします。神は怒りのあまり、イスラエルを滅ぼし尽くそうとしますが、モーセになだめられて思いとどまる、という場面（出エジプト記32－7～14）が出てきます。

しかし旧約聖書をよく通読してみれば、この「主なる神」は同時に「あわれみの神」「赦す神」でもあることが分かります。イスラエルの民も次第に、「神はゆるしとあわれみの神である」というメッセージを受け取るようになりました。イエスの立ち居振る舞いは、人を赦し受け入れる「慈しみ深い神」を示しています。

ルカ15章に出てくる3つの譬え――「見失った羊」の譬え、「無くした銀貨」の譬え、そして「放蕩息子」の譬え――はすべて、一人ひとりの人間のかけがえのなさを述べています。どんな人でもそのいのちはかけがえのない賜物です。すべての人は神の子です。人は誰でも「かけがえのない存在」として神に受け入れられています。

この「放蕩息子」の話は、自分を誰の立場に置くかによって読み方が変わってきます。自分を弟の立場に置く場合、この話は本当に福音となります。

「お前のあの弟は死んでいたのに生き返った。いなくなっていたのに見つかったのだ。」（ルカ15－32）

父には強い喪失感、「息子がいないという気持ち」があったのでした。父にとって「息子（兄弟のうちの弟）がいない」ことは、実に寂しく辛いことだったのです。神はわたしたちのことをそのように思ってくださるのです。どんなにでたらめで勝手な人間であっても、その人のことをかけがえのない大切な存在と思ってくださいます。このメッセージは何よりの福音といえるのではないでしょうか。

神の愛は「罪のある人間、問題のある人間を受け入れ包む愛」です。神は、罪を悪として退けますが、同時に、わたしたちの罪の問題を自ら引き受けてくださいます。イエス・キリストの十字架がその父の心を示しています。四旬節第４主日のミサでは、第二朗読でパウロが次のように言っています。

「罪と何のかかわりもない方を、神はわたしたちのために罪となさいました。わたしたちはその方によって神の義を得ることができたのです。」（二コリント５－21）

教皇ベネディクト16世は回勅「神は愛」の中で、神の赦す愛と十字架の関係を教えています。二週間後に受難の主日、そして聖週間を迎えるこのとき、主イエスの受難と神の愛の神秘をより深く信じることができるよう、心を込めて祈りましょう。

（このテーマを味わうための福音の当該箇所は、有名なところでもあり、長いので、福音書本文の引用は割愛しました。聖書を開いてお読みになることをお勧めします。）

福音を読む❾ルカ7―11〜17

キーワード

神の愛への共感

【福音】

〔そのとき、〕イエスはナインという町に行かれた。弟子たちや大勢の群衆も一緒であった。イエスが町の門に近づかれると、ちょうど、ある母親の一人息子が死んで、棺《ひつぎ》が担ぎ出されるところだった。

その母親はやもめであって、町の人が大勢そばに付き添っていた。主はこの母親を見て、憐れに思い、「もう泣かなくともよい」と言われた。そして、近づいて棺に手を触れられると、担いでいる人たちは立ち止まった。

イエスは、「若者よ、あなたに言う。起きなさい」と言われた。

すると、死人は起き上がってものを言い始めた。

イエスは息子をその母親にお返しになった。

人々は皆恐れを抱き、神を賛美して、「大預言者が我々の間に現われた」と言い、また、「神はその民を心にかけてくださった」と言った。

イエスについてのこの話は、ユダヤの全土と周りの地方一帯に広まった。

「はらわたが揺さぶられる思い」を表わす単語

イエスの一行がナインという町を通りかかったとき、彼らは葬儀の行列に出会います。ちょうど、あるやもめの母親の一人息子が亡くなり、その棺が担ぎ出されるところだったのです。なんと悲しい場面でしょう。イエスは母親に深く同情し、死んだ息子に「若者よ、あなたに言う、起きなさい」（７－14）と言われました。イエスの言葉には力があります。その言葉がイエスの口から発せられると、すぐに若者は起き上がったのでした。

ところで、「一人息子の生き返りの話」は年間第10主日のミサで読まれますが、福音朗読に先立って読まれる第一朗読に、エリヤがやもめの息子を生き返らせた話があります。神はエリヤの祈りに応えて若者のいのちをお返しになりました。

エリヤは神に祈ったのですが、ルカの福音は、イエス自身が自分の力で死者を蘇《よみがえ》らせたように告げています。イエスが一人息子を生き返らせた動機は、イエスが「この母親を憐れに思った」という点にあります。「憐れに思い」と訳されているギリシャ語の原文は、「内臓」を意味する「スプラングナ」を動詞形にした「スプラングニゾマイ」で、これは悲しみへの深い共感、強い同情、心の奥底から突き上げてくる共感――を表わしています。

これと同じ言葉は、福音書の他の箇所でも使われています。イエスが重い皮膚病の人を癒したときに抱いた気持ち（マルコ１－41）、また三日間もイエスに従って空腹になった群集に対するイエスの深い同情を表わす言葉（マルコ８－２）、また善いサマリア人が、強盗に襲われて半死半生になっている人に対して抱いた感情を表わす表現（ルカ10－33）、さらに放蕩息子を見つけたときの父親の気持ち（ルカ15－20）などがそれで、そこではすべて「はらわたが揺さぶられる思い」を意味する言葉「スプラングニゾマイ」が使われています。

このイエスの心は、父である神の愛を表わしています。イエスは人間として、人間の心で人々を愛したのでした。このイエスの人間としての愛を心に留めるため、毎年6月半《なか》ばの一日を「イエスのみ心の祭日」として祝います。

さて、年間第10の主日（C年）の第二朗読は、使徒パウロがガラテヤの教会に宛てた手紙の一節が読まれます。パウロはこの手紙で、「イエス・キリストの啓示を受けて、異邦人に福音を告げ知らせる使徒とされた」ことを告げています。パウロの言う「福音」とは、イエス・キリストによってもたらされた神の愛の福音です。わたしたちはイエス・キリストによってもたらされた神の愛の福音を深く信じるよう招かれています。

「若者よ、あなたに言う、起きなさい」（7－14）

復活したイエスは今も、この言葉をわたしたちに向かって言ってくださるのではないでしょうか。力を落としたとき、悲しみに沈んだとき、希望が見えないと感じるとき、イエスのこの言葉を思い出しましょう。そして祈りましょう、「主なる聖霊よ、どうかわたしたちの信仰を強めてください」と。とくに、近く堅信の秘跡を受けられる方などは、主イエスにおいて示された神の愛、神の優しさを深く悟ることができるように、心を込めてご一緒に祈りましょう。

福音を読む⑩マタイ11－25～30

キーワード

わたしのもとに来なさい

【福音】

そのとき、イエスはこう言われた。

「天地の主である父よ、あなたをほめたたえます。これらのことを知恵ある者や賢い者には隠して、幼子《おさなご》のような者にお示しになりました。そうです、父よ、これは御心に適うことでした。すべてのことは、父からわたしに任せられています。父のほかに子を知る者はなく、子と、子が示そうと思う者のほかには、父を知る者はいません。

疲れた者、重荷を負う者は、だれでもわたしのもとに来なさい。休ませてあげよう。わたしは柔和で謙遜な者だから、わたしの軛《くびき》を負い、わたしに学びなさい。そうすれば、あなたがたは安らぎを得られる。

わたしの軛は負いやすく、わたしの荷は軽いからである。」

「柔和」「優しさ」を身に付けることの難しさ

イエスは言われました。「疲れた者、重荷を負うものは、だれでもわたしのもとに来なさい。

休ませてあげよう」と。

イエスの弟子であるわたしたちも同じように、疲れている人、悩んでいる人、困っている人に向かって、「どうぞいらしてください。わたしたちが助けになりましょう」と言いたいところですが、これが、なかなか難しいことのようです。

例えばわたくしは、東京カテドラルのある目白台から豊島区の本郷教会まで小一時間、歩いて行くことがあります。道の途中にカトリックではない教会があって、その教会の看板にはこの言葉が提出してあります、「疲れた者、重荷を負うものは、だれでもわたくしのもとに来なさい」と。そこを過ぎて本郷のカトリック教会に辿《たど》り着いてみると、ここにも看板にはやはり、同じことが書いてあります。主は何度もわたくしに、そして通りかかるすべての人に、そう呼びかけておられる、と感じます。

教会にはいろいろな方が来られ、相談に与《あずか》りますが、何とかして差し上げたいけれどもできないこともあります。できないことの方が、多いかもしれません。安請け合いをして、「何でもしてあげるよ」というわけにはいきません。

わたしたちは、イエスではなく、イエスの弟子です。

弟子というのは、先生に倣い先生のようになるための修行をしている者です。修行しているつもりでも、なかなか先生には辿り着けません。辿り着けないのですが、「ほんの少しでも見倣いましょう」というのが、弟子の心得だと思います。

イエスはさらに言われました。

「わたしは柔和で謙遜な者だから、わたしの軛《くびき》を負い、わたしに学びなさい。」（マタイ11－29）

これは、イエスがそう仰《おっしゃ》ったのであって、わたしたちは「なるほど」と思いながらも、例えばわたくしのような不肖の弟子にはとても、「自分がそうだ」「柔和、謙遜な者だ」と言うことができないのが現実です。

でも、イエスご自身はそのように仰ったと、聖書が伝えています。

「柔和、謙遜（な人）」というのは、どのような人なのでしょうか。

山上の垂訓でも、イエスは「柔和な人は幸い」（マタイ5－5）と仰いました。

「柔和」というのは、穏やかで優しいことでしょう。他方、柔和であろうとし過ぎて慎重になり、いろいろなことを責任持って決然と引き受けたり、重要なことを決めたりできない、という人がいます。誰かが何を言っても、「はい、そうですね」と答えてしまう……　これではだめです。

だめなことはだめ、できないことはできないと言わなければなりません。そして、決めるべきことは決めなければならないし、いけないことはいけないと言わなければならないのです。

そう考えると、「柔和」は優柔不断、責任逃がれ、誰にでも適当なことを言うということではないことが分かります。「柔和」ということは、自分の欲望や自分の気持ちを、いつでも正しく制御することができる人の態度です。思いどおりにならなくとも怒ったり、いらついたりしない人のことだと思います。

人にとって一番辛い仕事とは――

それでは、イエスは怒ったことがないのでしょうか。福音書を読むと、そうでもないようです。ファリサイ派の人や律法学者に対しては、激しい言葉で非難しておられます。ですから、イエスという人は、ただ優しいだけの人ではなかったと言えましょう。はっきりと、いけないことはいけないと言ったために、十字架に付けられる仕儀となりました。

わたしたちの日常を振り返ってみましょう。自分の思いどおりにならないから、と文句を言います。自分が正当に評価されないから、と不快に思ったり怒りを感じたりします。自分が辱《はずかし》められたとか、認められなかったから、と怒ってしまうのです。このようなことでは、とても「柔和な人」になることはできません。

他方、弱い人が苦しめられているのを見たり、社会に不正があることを知ったりしたとき、「それではいけないのだ」「そのようなことは許されないのだ」と叫ぶことがあります。この場合の怒りは、当然の怒りであり「柔和」とは矛盾しません。

気の弱い人はあまり大きな声で怒ることをされていないと思いますが、心中、不快に思うことはしょっちゅうでしょう。その場合、「不快」と「怒り」はあまり違いがありません。口に出して言わないだけで、心の中では憤慨《ふんがい》しています。

なかには、心で思ったことをすぐに言動で示してしまう人がいます。自分の言うとおりにしないから、と怒りに任せて大きな声を出すというのは良くありませんが、その人のために、「こうしなさい。これはいけない」と丁寧に根気強く親切に諭すことは必要であり、そうしないといけないのだと思います。

誰にとっても辛《つら》いことの中に、「相手に注意を与える」という仕事があります。相手がしていることを「問題ない」と評価することは簡単ですが、「あなたはこのようにしているけれども、それはおやめなさい」とか、「こうした方が良い」と言わなくてはならない場合があります。それは、あまり楽しいことではないでしょうが、相手が不快に思うことでも、指摘することが相手のためになることであれば、言わなければなりません。言わないと、どんどんその人は悪くなるばかりです。特に、指摘すべき立場にある人――親なら子どもに対して――は、そのようにしなければなりません。子どものときにしつけないと、大きくなってからでは手遅れということになるからです。教師、医師、司祭、司教なども、そうした仕事をしなければならない立場にあると言えましょう。

考えてみれば、人にとって一番辛い仕事は、他の人に注意することです。注意するのなら、早めにきちんと心を込めて忠告すれば良いのであって、一日延ばしにしておいて最後にまとめて注意するというのは、あまり賢いやり方とは言えないかもしれません。

「柔和で謙遜な者」が負わせる軛

イエスはご自分を「柔和で謙遜な者」と言われます。「わたしは柔和で謙遜な者だから、わたしの軛《くびき》を負いなさい」。

軛とは、御者《ぎょしゃ》が牛や馬の首に着けて、仕事をさせるために使う道具です。

大工であったイエスは軛作りの名人だった、という伝説があります。イエスの作った軛はその馬や牛の体にぴったりと合ったそうです。合わなければ痛いのですが、合えば喜んで仕事ができるようになるということです。

わたしたちが人に軛を与えるときは、その人が嫌がって苦しむようなものを与えてしまうかもしれません。しかしイエスがわたしたちに与えてくださる軛は、その人にぴったりと合っているのです。その人に合った軛がどのようなものなのか、その人のことを愛し、その人のことをよく分かったうえで、「こうした方が良い」「こうしなさい」ということになるのだろうと思います。

わたしたちの教会は罪人の集まりであり、ものの道理がまだよく分かっていない人の集まりです。互いに不完全ですが、イエスがわたしたちに聖霊を送り、そして聖霊の助けをもって、わたしたちが軛を負って歩むことができるように、助けてくださっていると信じましょう。

福音を読む⓫マタイ21－28～32

キーワード

謙虚

【第一朗読】

〔主は言われる。〕「お前たちは、『主の道は正しくない』と言う。聞け、イスラエルの家よ。わたしの道が正しくないのか。正しくないのは、お前たちの道ではないのか。

正しい人がその正しさから離れて不正を行い、そのゆえに死ぬなら、それは彼が行った不正のゆえに死ぬのである。

しかし、悪人が自分の行った悪から離れて正義と恵みの業を行うなら、彼は自分の命を救うことができる。彼は悔い改めて、自分の行ったすべての背きから離れたのだから、必ず生きる。死ぬことはない。」

【第二朗読】

〔皆さん、〕あなたがたに幾らかでも、キリストによる励まし、愛の慰め、「霊」による交わり、それに慈しみや憐れみの心があるなら、同じ思いとなり、同じ愛を抱き、心を合わせ、思いを一つにして、わたしの喜びを満たしてください。何事も利己心や虚栄心からするのではなく、へりくだって、互いに相手を自分よりも優れた者と考え、めいめい自分のことだけでなく、他人のことにも注意を払いなさい。互いにこのことを心がけなさい。それはキリスト・イエスにもみられるものです。

「キリストは、神の身分でありながら、神と等しい者であることに固執しようとは思わず、かえって自分を無にして、僕《しもべ》の身分になり、人間と同じ者になられました。人間の姿で現われ、へりくだって、死に至るまで、それも十字架の死に至るまで従順でした。このため、神はキリストを高く上げ、あらゆる名にまさる名をお与えになりました。こうして、天上のもの、地上のもの、地下のものがすべて、イエスの御名にひざまずき、すべての舌が、「イエス・キリストは主である」と公に宣べて、父である神をたたえるのです。」

【福音】

〔そのとき、イエスは祭司長や民の長老たちに言われた。〕「あなたたちはどう思うか。ある人に息子が二人いたが、彼は兄のところへ行き、『子よ、今日、ぶどう園へ行って働きなさい』と言った。兄は『いやです』と答えたが、後で考え直して出かけた。弟のところへも行って、同じことを言うと、弟は『お父さん、承知しました』と答えたが、出かけなかった。この二人のうち、どちらが父親の望みどおりにしたか。」

彼らが「兄の方です」と言うと、イエスは言われた。「はっきり言っておく。徴税人や娼婦たちの方が、あなたたちより先に神の国に入るだろう。なぜなら、ヨハネが来て義の道を示したのに、あなたたちは彼を信じず、徴税人や娼婦たちは信じたからだ。あなたたちはそれを見ても、後で考え直して彼を信じようとしなかった」。

わたしたちは「相反する2つのグループ」のどちらに属するか

カトリック東京大司教区の調布教会創立50周年を祝う年間第26主日のミサで読まれた福音、そして第一、第二朗読を、ご一緒に味わいたいと思います。

年間第26主日のミサで読まれる福音は、２人の息子についての譬《たと》え話です。その1週間前の主日ミサで読まれた福音も譬え話で、そちらはぶどう園で働く労働者のことでした。今わたしたちが味わうのも「ぶどう園で働きなさい」という話です。

この話を通して神様は、わたしたちに何を諭《さと》しておられるのでしょうか。わたくしの心に強く残るイエスのお言葉は、次の箇所です。

「はっきり言っておく。徴税人や娼婦たちの方が、あなたたちより先に神の国に入るだろう。」(マタイ21－31)

２０００年前のイスラエルでは徴税人、あるいは娼婦と呼ばれる人たちは、代表的な罪人とされていました。「罪人」というのは、神の掟《おきて》を守らない、あるいは守ることができない人々を指す言葉です。蔑《さげす》まれ、嫌われ、見たくもない汚《けが》れた人を人々は「罪人」と呼んでいたのです。人権の意識に目覚めている現代人にとってはひどい話ですが、そんな現実がありました。

そのように蔑まれた徴税人や娼婦の対極にいたのが、神の掟を立派に守り、他人にもそれを教えていた人々です。聖書の中ではしばしば「ファリサイ人」、あるいは「律法の専門家」と呼ばれている人々を指しているようですが、マタイによる福音のこの箇所では、祭司長や民の長老という人たちに向かって、イエスは話しておられます。

祭司長や長老たちは神の掟を完璧に守っている自負をもっているので、「悔い改めなさい」「神の霊による洗礼を受けなさい」という洗礼者ヨハネの言葉を受け入れません。受け入れる必要を認めなかったのです。祭司長、民の長老、あるいは多分、律法学士やファリサイ派の人々も、「自分たちはきちんと神の言葉を守り、人々に教え、そして立派に民の指導をしているから、すでに神のみ心に適う者であるはずだ」として、洗礼者ヨハネの勧めを受け入れませんでした。

一方、徴税人や娼婦と呼ばれる人たちの方は、日頃、人々から嘲《あざけ》りを受けて「自分たちのしていることは良くないことだ」と思い、自分が周囲からどのように思われているか分かっていました。いわば「悔い改めの必要」を十分自覚していたと思われます。

ここには、対蹠《たいしょ》的な2つのグループの姿が示されています。「自分は神様のみ心を行っている」と自信たっぷりな人たちと、「自分は神様の定めから大きく外れている、弱く貧しい者に過ぎなさて、わたしたちは、どちらのグループに属しているでしょうか。あるいは、両方でしょうか。

い」と自覚している人たち――

神の愛に応えて生きる決意を日々新たに

それにしても、この場面で紹介されるイエスの、「はっきり言っておく。徴税人や娼婦たちの方が、あなたたちより先に神の国に入るだろう」というみ言葉は、どのような意味なのでしょうか。「徴税人、娼婦たちは、自分たちが罪人であり、罪の赦しを受けなければならない者だという自覚を持っていた」ということに注目したいと思います。

また、この２人の息子の話の中の、「ぶどう園に行って働きなさい」という呼びかけは、どのような意味でしょうか。わたくしは、次のように考えています。「ぶどう園に行って働く」ということは、「イエス・キリストによって示された神の愛、神のいつくしみ――罪深い人間を受け入れ、赦してくださる――を信じ、その神の愛に応えて生きる決意を新たにすること」にほかならない、と。

わたしたちは、洗礼を受けたとき「信じます」「悪霊とそのわざを捨てます」と約束しました。まして、修道誓願を立て、あるいは司祭の叙階を受けた者は、その約束に加えて、もっと何重にも、そのような決意と約束を新たにしているのです。

では、その約束どおりにしているか、神の前で表明した決意は１００％傷ついていないか、大丈夫かと言うと、他の方は存じませんが、わたくしはそう断言できるとは言えず、本当に恥ずかしい次第です。「内面、忸怩《じくじ》たる思いがする」というのが正直なところです。きちんと約束したことを守り切っている、と断言する勇気はありません。

しかし、そうしなければならないと絶えず自分に言い聞かせ、いつもこう祈っています。

「あなたは、わたくしのことをすべてご存知です。わたくしがどのような状態にあるか、わたくしの心がどのようなものであるかをご存知です。どうか、それを承知の上でも、このわたくしを赦し、務めを果たすことができるよう励まし、導いてください」

その気持ちを、今取り上げている譬え話に重ねてみましょう。自信満々のグループに属する祭司長、民の長老、律法学士、ファイサイ派の人の心の中に、そのような思いがあるでしょうか。短い福音書の記述の中にそれを窺い知ることはできませんが、イエスが福音書の別の箇所で、彼らに向かって、「あなたがたは、白く塗った墓のようなものである。外側は綺麗だが、中は醜《みにく》い。人間の死骸でいっぱいだ」と、大変強い非難の声をぶつけておられるところからすると、彼らは「自分たちは外側だけではなく、内側も問題なく綺麗だ」と思っていたのかもしれません。

その主張をある程度受け入れるとしても、しかし、「いかに立派な人間であれ、わたしたちは、１００％神様に満足していただけるような人間にはなり切れない」ことを忘れてはなりません。

それを忘れ去ったとき、イエスの「あなたより、徴税人や売春婦の方が天国に近い」という言葉がその人の胸に痛烈に響くのです。

「相手を自分よりも優れた者と看做せ」

さて、そのように思いを進めながら、年間第26主日のミサの中で読まれる「第二朗読」の中から、大変心に響き印象に残る一節を味わいたいと思います。

「何事も利己心や虚栄心からするのではなく、へりくだって、互いに相手を自分よりも優れた者と考え、めいめい自分のことだけでなく、他人のことにも注意を払いなさい」。

わたしたちは毎日、いろいろな人と助け合いながら、時間・空間を共にして生活し、多くの他人のおかげで生きています。考えてみれば、独りでは何もすることができません。本当に、いろいろな人に教えられ、助けられ、そして許されながら自分の生活を営み、自分の務めを果たしています。

ところが、それを正しく理解している人でも、「相手を『自分より優れた者』と考えなさい」と言わると、「確かに（相手には、自分より）優れている点がある。それは認めるけれども、イエスの言葉が『その人を自分よりも優れた者と心の底から認めて、尊敬すること』を要求するものであるなら、それは無理だ」と考えがちで、イエスのみ言葉を実践することができないでいます。

そこで、第二朗読と福音の組み合わせに促されて、わたくしは次のように考えました。すなわち、こじつけかもしれませんが、神様の掟を忠実に守っていると思っている人にとって、罪人である徴税人、取税人は、とんでもない人たちです。現代に生きるわたしたちも（そこまでは思わないとしても）「自分はこうしているのに、相手はこうではないか」と相手の不誠実や力不足をあげつらう思いを持つことがないでしょうか。

その点について、わたくし個人の心の問題ですが極端なことを言えば毎日のように、「これはこうではないかと思うのに、相手はそうしてくれない」という思いが湧いてきてしまいます。今日、起き抜けにもそんな心の動きがありました。その数時間後にミサの中で「フィリピの信徒への手紙」と「マタイによる福音」の当該箇所を読み、その絶妙な組み合わせに内心驚きながらも、感謝して心の平安を取り戻すことができたような気がしています。

わけても、「利己心や虚栄心からするのではなく、へりくだって、一人ひとりの人を、自分を助けてくれる大切な人と考えなさい」というパウロの言葉を、もっとしっかりと心に留めて、実行していきたいものです。

福音を読む⓬マルコ16－1～7

キーワード

洗礼の喜び

【福音】

安息日が終わると、マグダラのマリア、ヤコブの母マリア、サロメは、イエスに油を塗りに行くために香料を買った。そして、週の初めの日の朝ごく早く、日が出るとすぐ墓に行った。彼女たちは、「だれが墓の入り口からあの石を転がしてくれるでしょうか」と話し合っていた。ところが、目を上げて見ると、石は既に脇へ転がしてあった。石は非常に大きかったのである。墓の中に入ると、白く長い衣を着た若者が右手に座っているのが見えたので、婦人たちはひどく驚いた。若者は言った。「驚くことはない。あなたがたは十字架につけられたナザレのイエスを捜しているが、あの方は復活なさって、ここにはおられない。ご覧なさい。お納めした場所である。さあ、行って、弟子たちとペトロに告げなさい。『あの方は、あなたがたより先にガリラヤへ行かれる。かねて言われたとおり、そこでお目にかかれる』と。」

「よいもの」と「よさに欠けたもの」の混沌が招く「闇」

復活徹夜祭は、わたしたちの教会の伝統が伝える、最も荘厳で最も豊かな典礼です。第一朗読は創世記で、「神は6日間にわたって創造を行い、6日目に人間を創造した」と告げています。「神はお造りになったすべてのものを御覧になった。見よ。それは極めて良かった。」

この世界は神がお造りになった、美しく良いもののあふれる世界です。しかしながら、わたしたちが生きているこの世界には、さまざまな問題が存在していることをわたしたちは知っています。災害、病気、障害。さらには戦争、紛争、飢餓、貧困など。加えて、わたしたち人間の罪という問題の存在を認めなければなりません。まさにこれは、「美しいもの・よいもの」と「『美しさ・よさ』に欠けたもの」の両方が混じり合い混沌とした「闇の状態」とでも言うべき様相を呈しています。

創世記1章の初めには、「地は混沌であって、闇が深淵の面にあり、神の霊が水の面を動いていた」とあります。神の創造というのは、混沌とした闇の世界に神の霊が働き、光が射すことによって闇が消滅し、神のお望みになる秩序が確立されていくという段階で展開します。そして神の創造のわざが完成すると、そこには神のお望みになる世界が現出するのです。わたしたちが生きている今、神の創造のわざはまだ進行中であると言わなければならないと思います。

創世記の朗読の後、司祭は祈ります。

「全能永遠の神よ、あなたは万物を、御手《みて》の業《わざ》として美しく造ってくださいました。時が満ち、キリストの過ぎ越しによって新たにされた世界は、時の初めに造られたよりもさらに美しいものであることを、贖《あがな》われた民に悟らせてください」

新たにされた世界――それは新約聖書、黙示録が伝える、新しい天と新しい地に他なりません。

「新しい人」として歩む約束を新たにする機会

さて、復活徹夜祭は、洗礼が行われる時でもあります。そのときに当たり、わたくしは洗礼を受けられる方の前で、洗礼を受けた皆さんに呼びかけたいと思います、「どうぞもう一度、洗礼の意味を思い起こし、洗礼の意味を日々新たに生きるようにしていただきたい」と。この日読まれる使徒パウロの手紙にありますが、「洗礼とは、キリストの死と復活にあずかること」です。「古い人」がキリストと一緒に死に、そして、キリストと一緒に「新しい人」となって生きることを意味しています。

エゼキエルの預言に耳を傾けましょう。

「わたしはお前たちに新しい心を与え、お前たちの中に新しい霊を置く。わたしはお前たちの体から石の心を取り除き、肉の心を与える。」

この預言は、「神の戒め、神の言葉、神の霊の働きに接しても頑固に聞き従わない、そういう人々の心の頑《かたく》なさを取り除き、神の言葉、神の戒め、神の勧めを謙虚に聴き、素直に従うことのできる、そういう心をあなた方に授けます」という意味であり、それが洗礼となって実現するのです。

洗礼式の時、司式する司祭は、受洗者に次のような言葉を掛けながら白衣を授与します。

「あなたは新しい人となり、キリストを着る者となりました。神の国の完成を待ち望みながら、キリストに従って歩みなさい」

キリストを着た人として歩む、歩み始めることこそが、洗礼の意味です。

洗礼式ではさらに、受洗者一人ひとりに灯の点《とも》ったローソクが授与されます。祭壇脇で輝き続ける「復活のローソク」から灯《ひ》を分けてもらい、その光をしっかり受けて、キリストの復活の光を人々に示す人となるよう促されます。

すでに洗礼を受け、さらに堅信の秘跡を受けたわたしたちは、復活徹夜祭に行われる洗礼の典礼を通して、本当に美しく豊かな生き方に導いてくださるキリストの教えをもう一度味わいながら、わたしたち自身が「新しい人」「白い衣をまといキリストにおいて新しく生まれた人」として、キリストの霊に従って日々歩んでいくのだ――という認識と決意を新たにするよう招かれているのです。

第五章　平和

第1節　いのちを大切に
――日本の司教団の「いのちへのまなざし」

現代を生きるわたしたちの日々が、より心豊かなものとなるよう祈りながら、前章では、折々の福音をご一緒に味わいました。

その福音が照らし出すテーマの一つに「平和」があります。わたしたちが人生に安定と静謐《せいひつ》を望むとき、個人の心の内から国際社会レベルまでさまざまな段階で、「平和」は欠かせない要件の一つです。

そこで、あらためて「平和」について章を割《さ》き、イエスの福音に耳を傾けてみたいと思います。

パウロの忠告に耳を貸す度量を持ちたい

日本の教会では毎年、太平洋戦争終結の8月15日の前の十日間（8月6日〜15日）を「平和旬間」と設定し、不戦の誓いを新たにしています。2017年の平和旬間には、日本の司教たちが皆さんにお送りした冊子、「いのちへのまなざし」を共に学びました。[注22]
「いのちへのまなざし」――　それは誰の眼差《まなざ》しかと言いますと、慈《いつく》しみ深い神の眼差しです。神様はわたしたち人間をはじめ、すべての生きとし生けるもの、そして存在するものすべてを大切に思い、慈しみ深く見守ってくださっています。

本書の中ですでに考察したように、復活したイエスは弟子たちのところに現われ、「あなたがたに平和があるように」と言われました。そして「父がわたしを遣わしたように、わたしもあなたがたを遣わす」と言われました。弟子たちが受けた使命は「イエス・キリストから与えられた罪をゆるす権能を持ち、神の愛、平和を人々に伝え、表わすこと」です。

17年「平和旬間のミサ」で読まれた第一朗読は、コロサイの信徒への手紙（コロサイ13－12～17）でした。その中で言われていることを、今一度深く味わいましょう。

「キリストの平和があなたがたの心を支配するようにしなさい。」

いつもキリストの平和がわたしたちの中にとどまり、そして私たちの心に働きかけてくださるよう祈ることが勧められています。実際、わたしたちはキリスト者として毎日平和を祈り、そして人に挨拶するときもその人のために平和を願います。手紙を書く時、「拝啓」の代わりに「主の平和」と書きますがこれは「主の平和が手紙の宛先の人にありますように」、そして「手紙を出すわたしたちの心にもありますように」という願いの端的な表現です。

いつもわたしたちの心が平和で満たされていればよいのですけれども、なかなかそうはいきません。人間の心は厄介なもので、恨みがましく思ったり、憤《いきどお》ったり、ねたんだり……　どうも、困ったものです。そういう心が起きないように願うのですけれども、起こってきてしまいます。わたしたちはそんな「平和を阻害する感情」と常に闘っているのが実情です。それらの感情は雑草みたいなものですから、絶えず気を配り、心掛けて摘み取らなければなりません。

すでに取り上げた「毒麦の譬え」で触れたように、毒麦はそれだけ引き抜こうとすると、よい麦を一緒に抜いてしまうことになります。悪い心が起こらないようにするということは、心をなくしてしまえばいいのですが、良い心も起こらなくなっては困ります。

したがって、悪い心が起こっても悪い心に負けないこと、負けないための対策を立てることが大事になると思います。

「平和を阻害する要因」に負けない対策として、パウロはコロサイの人々に宛てた手紙の中で、こう言っています。「憐みの心――慈愛、謙遜、柔和、寛容――を身につけなさい。互いに忍び合い、責めるべきことがあっても赦し合いなさい」。

「責めるべきこと」というのはすぐ見つかるもので、反対に「責められること」には気がつきにくいようです。ですからわたしたちはつい、責めることに熱心になりがちです。

この点についてとりわけ注意しなければならない立場の人がいます。管区長さん、司教さんといった人たちです。人を責めるにも言い方とか、タイミングがあるのですが、その点においては、わたくし自身、あまりうまくなかったし、今でもあまりうまいとは思っていません。お恥ずかしい次第です。

それにつけても思うのは、「無知」の怖さです。人のことが分からない。その人にはこういう点を改めてもらいたいと思っても、その人がどういうつもりで、どういう理由でそうするのか、あるいはどうしてそうなってしまったのか、分からないことが多いものです。神様しかお分かりにならないのですから、あまり分かったようなことを言わないほうがいいのでしょうが、たまりかねて責めてしまう――　その度にパウロの忠告が思い出されます。コロサイの人々と一緒にパウロの忠告に耳を貸す度量を持ちたいものです。

「平和」と対極にあるヘイトスピーチ

このところ、メディアを通じてわたしたちの耳目に触れている社会現象に「ヘイトスピーチ」があります。街宣車上からがなり立てたり、集会でマイクを独占したりして反対派をこき下ろし、自論を展開する手法です。論争相手へリスペクトのかけらもなく、ただがなり立てる説法は聞く人の顰蹙《ひんしゅく》を買うばかりですが、喉を枯らしているご本人はそれに気づいていないようです。最近ではインターネット上にも長短さまざまなヘイトスピーチが溢《あふ》れています。

それらに接していると、わたしたちの心には自分ひとりではなく、自分の属する団体や組織がいつのまにか持ってしまっている共通の「悪意」というものがあることに気づかされます。特定の集団が他の集団に対して持ってしまう気持ちも、その一つでしょう。

例えば、日本と韓国の間には不幸な歴史があります。それはわたしたちの知らないこと、自分が生まれる前の話です。しかしわたしたちは過去の歴史を背負っていることも自覚していなければなりません。

東京大司教のわたくしの前任者は白柳誠一大司教・枢機卿様でした。その白柳大司教は先の大戦で周辺国に多大な苦しみを与えたとして、アジアの司教様方にお詫びをされました。白柳さんが自分でやったことではないのに、それでもお詫びをする態度は、私たちが過去の歴史を背負っていることを教えてくれています。

事実、白柳さんはわたくしにこう仰いました。「わたしたちは前の人の良いことばかりでなくて、良くないことも引き継ぐのです」。

日韓双方――韓国を中国と言い換えても、フィリピンと言い換えてもいいのですが――が互いに悪意を克服してイエスの「平和」に立ち戻らない限り、私たちの国に本物の平和を実現することはできないと思っています。

教皇フランシスコの教え「ラウダート・シ」についても一言申し添えましょう。この教えは、人間と自然とのあるべき関係につい述べています。

地球環境の破壊に警告し、自然環境を大事にするよう優しく諭したその「使徒的勧告」を一読すれば分かるとおり、「人間は結局、大自然の主人公・支配者ではない」という現実を受け入れなければなりません。わたしたちは自然のおかげで生きているのです。

早い話、食べ物はみな自然の賜物です。人間が人間だけの力で食べ物を作ることはできません。

水も土もそして空気も、みんな神様が与えてくださっていて、その恵を受けてわたしたちは生きていくことができています。教皇様は「思い上がってはいけない」と警告されているのだと思います。

傍若無人の振る舞いをしがちなわたしたちは、神様から赦《ゆる》しをいただく必要があり、神との和解、隣人との和解をすることに迫られています。ヘイトスピーチをやっている場合ではないのです。

自然との和解、自然への感謝を「大切にする」という行動で表わしましょう。利害の相反する相手に対しても同じです。そして自分自身に対しても時々、「今日もがんばったね」と声を掛け、労《いた》わる気持ちを持っていきたいと思います。

第2節　平和を願う——被爆地・広島のミサで訴えたこと

今も胸中でこだまする福音

わたくしは2018年8月、広島で行われた「広島教区平和祈願ミサ」を司式しました。そのミサの第一、第二朗読と、その日読まれた福音は今でもわたくしの胸のなかで反響しています。平和を願うわたくしの気持ちと朗読箇所が共鳴し合っているのでしょう。ご参考までに、まず両方の該当箇所を抜き書きしてみます。

【第一朗読】（イザヤ57－15～19）

高く、あがめられて、永遠にいまし
その名を聖と唱えられる方がこう言われる。わたしは、高く、聖なる所に住み
打ち砕かれて、へりくだる霊の人と共にあり
へりくだる霊の人に命を得させ
打ち砕かれた心の人に命を得させる。
わたしは、とこしえに責めるものではない。永遠に怒りを燃やすものでもない。霊がわたしの
前で弱り果てることがないように
わたしの造った命ある者が。
貪欲な彼の罪をわたくしは怒り
彼を打ち、怒って姿を隠した。彼は背き続け、心のままに歩んだ。
わたしは彼の道を見た。わたくしは彼をいやし、休ませ
慰めをもって彼を回復させよう。民のうちの嘆く人々のために
わたしは唇の実りを創造し、与えよう。平和、平和、遠くにいる者にも近くにいる者にも。わ
たしは彼をいやす、と主は言われる。

【福音朗読】（ヨハネ8－14～29）

イエスはこう答えて言われた。「わたしを愛する人は、わたしの言葉を守る。わたしの父はその人を愛され、父とわたしとはその人のところに行き、一緒に住む。

わたしを愛さない者は、わたしの言葉を守らない。あなたがたが聞いている言葉はわたしのものではなく、わたしをお遣わしになった父のものである。

わたしは、あなたがたといたときに、これらのことを話した。

しかし、弁護者、すなわち、父がわたしの名によってお遣わしになる聖霊が、あなたがたにすべてのことを教え、わたしが話したことをことごとく思い起こさせてくださる。

わたしは、平和をあなたがたに残し、わたしの平和を与える。わたしはこれを、世が与えるように与えるのではない。心を騒がせるな。おびえるな。

『わたしは去って行くが、また、あなたがたのところへ戻って来る』と言ったのをあなたがたは聞いた。わたしを愛しているなら、わたしが父のもとに行くのを喜んでくれるはずだ。父はわたしよりも偉大な方だからである。

事が起こったときに、あなたがたが信じるようにと、今、その事の起こる前に話しておく。」

聖霊の賜物としての平和

主イエスはこの世から父のもとへ昇られるに際し、弟子たちに言われました。「わたしは、平和をあなたがたに残し、わたしの平和をあなたがたに与える。」（ヨハネ14－27）。

司祭は、ミサの中盤「交わりの儀」の中で、このイエスの言葉を必ず唱えます。「主イエス・キリスト、あなたは弟子に仰《おお》せになりました。『わたしは平和をあなたがたに残し、わたしの平和をあなたがたに与える』。わたしたちの罪ではなく教会の信仰を顧み、おことばのとおり教会に平和と一致をお与えください」

キリストの言われた平和とは、〈復活されたキリストが教会にお与えになった聖霊の賜物〉に他なりません。平和は聖霊の賜物なのです。聖霊を受けなければ、わたしたちは平和の使徒として働くことができません。

さらに言えば、「平和の使徒として働く」ということは、〈聖霊の恵みを受けて、平和を脅かし平和を破壊する悪の力と戦い、悪と罪に打ち勝つ〉ということです。それゆえ主イエスは「主の祈り」をわたしたちに与え、その祈りの結びで「わたしたちを誘惑に陥《おちい》らせず、悪からお守りください」と祈るよう、命じられました。

主の祈りの直後に置かれた副文で司祭はさらに祈ります。

「慈《いつく》しみ深い父よ、すべての悪からわたしたちを救い、現代に平和をお与えください。あなたのあわれみに支えられ、罪から解放されて、すべての困難に打ち勝つことができますように。わたしたちの希望、救い主イエス・キリストが来られるのを待ち望んでいます」

平和は聖霊の賜物ですが、わたしたち人間の側の協力、働きの成果でもあります。平和は、わたしたちが取り組む「罪と悪との戦い」の実りです。

教会はもちろん、平和の建設のために努力してきました。しかし歴史を振り返れば、現在では理解しがたく受け入れがたい歴史上の事実――過ちや暴行、侵害行為――にキリスト信者が加担し、あるいは実行していたことは明らかです。

教皇ヨハネ・パウロ2世は広島訪問の際に、「過去を振り返ることは、将来に対する責任を担うことです」と宣言されました。今では聖人となったヨハネ・パウロ2世はまた、紀元2000年の「大聖年」を迎えるにあたり、使徒的書簡『紀元2000年の到来』（1994年発表）の中で、過去のキリスト者の侵した過ちを指摘し、強いトーンでわたしたちに反省を呼びかけておられます。教皇の言葉はこうです。

「教会の息子や娘たちが、悔い改めの精神によって振り返らなければならないもう一つの痛ましい歴史の一章は、何世紀にもわたって、真理への奉仕に際して不寛容であったこと、さらに暴力の行使を黙認してきたことです。」（35項）

教皇がこのような告白で具体的に何を示しておられるのか、この文書自体は述べていませんが、「暴力の行使の黙認」の内容は、おそらく十字軍、異端審問、ユダヤ人迫害、宗教戦争などを示唆していたと思われます。

また、他にも、問題として、「キリスト者の間の分裂と対立」「全体主義政権による基本的人権の侵害を見過ごし、あるいは黙認したたこと」「教会の社会教説の理解と実行を怠ったこと」などを挙げておられます。
日本の司教団も聖ヨハネ・パウロ2世のこの呼びかけに励まされて、前述のように『平和への決意―戦後50周年にあたって』を発表し、注23 その中で次のように述べました。
「今のわたしたちは、当時の民族主義の流れのなかで、日本が国をあげてアジア・太平洋地域に兵を進めていこうとするとき、日本のカトリック教会が、そこに隠されていた非人間的、非福音的な流れに気がつかず、尊いいのちを守るために神のみ心に沿って果たさなければならない預言者的な役割についての適切な認識に欠けていたことも認めなければなりません」

20世紀は二度にわたる世界大戦の行われた世紀となりました。核兵器などの大量破壊兵器が登場して、数知れない一般市民がいのちを奪われ、悲惨で不条理な現実が繰り返されてきました。21世紀こそ、戦争のない世紀、大量破壊兵器の使用されない世紀、そしてすべての核兵器が廃棄される世紀にしなければなりません。

「朝鮮半島を非核化する」との合意がアメリカ合衆国、韓国、北朝鮮の三国間で実現したと報道されましたが、これについてわたくしは納得しがたい、腑に落ちない思いを持っています。世界一、多量で強大な核兵器を保有しているアメリカ合衆国が、自国の核兵器縮小と廃棄には言及しないまま、東アジアの朝鮮半島を分割している二国における核兵器廃絶を強く求めているのは、全く一方的で身勝手な主張ではないでしょうか。他国に非核化を求めるならまず、同時にアメリカ合衆国自身が身をもって核の廃絶を実行すべきです。

広島平和祈願ミサの説教を結ぶにあたり、わたくしはどうしても、有名な「ユネスコ憲章」の前文を想起しないわけにはいきませんでした。同憲章前文にはこうあります。「戦争は人の心の中で生まれるものであるから、人の心の中に平和のとりでを築かなければならない」。

２０１５年4月26日、日本カトリック司教協議会の諸宗教部門が主催して、カトリック大宮教会（さいたま教区）で「平和のための宗教者の使命」というシンポジウムを開いた時に拝聴した仏教僧の主張が強く心に響きました。

「平和を脅かす原因は人間の心の中に在る煩悩《ぼんのう》である。特に貪（どん）、瞋（じん）、癡（ち）という三つの毒が人間の心を狂わせる。貪とはむさぼりのこと、瞋（人）とは嫉《そね》み、恨み、怒りのこと。癡《ち》とは自分のことにしか関心が持てず、他者のことには無知である状態のことである」（天台宗、杉谷義純師の発言）

これはまさに使徒パウロの言う「肉の業」（ガラテヤ5－19～20）に該当する指摘だと思います。聖霊の助けを受けて〝肉の業〟と闘いながら、聖霊の実り〈愛、喜び、平和、寛容、親切、善意、誠実、柔和、節制〉が豊かに与えられるよう、心を込めて祈りましょう。

注22　日本カトリック司教協議会「いのちへのまなざし」（増補新版）カトリック中央協議会発行

注23　司教団メッセージは、『戦後70周年　司教団メッセージ　平和を実現する人は幸い』（カトリック中央協議会発行）。非売品だが、カトリック中央協議会のＷｅｂサイトで読むことができる。

第十六章

神の愛とわたしたちの務め

「慈しみの特別聖年」の後をどう生きるか

「大勅書」が勧める14の「わざ」

２０１７年の待降節を迎えて、それまでの約1年間にわたった「いつくしみの特別聖年」は終了しました。もちろん、神のいつくしみは絶えることなく、いつもわたしたちに注がれているのであり、「わたしたちは日々、神のいつくしみを実行するように召されている」と言うことを申し上げたいのですが、フランシスコ教皇は、「いつくしみの特別聖年」を迎えるときに、大勅書「イエス・キリスト、父のいつくしみの御顔《み》」という文書をわたしたちに示されています。特別聖年が幕を閉じた今、あらためてそれを読み直してみたいと思います。

大勅書を再読してみますと、そこに、「いつくしみの行い」「慈善のわざ」という言葉が出ていることに気付きます。わたしたちが人に対して「いつくしみ深い」ということはどのような心掛けでどう振る舞うことか、あるいは逆に、どのようなことをしないことであるのかが、それらの言葉をもって説かれています。

ミサに与るわたしたちは毎回、開祭の祈りの一部として「告白」をします。「わたしは、思い、言葉、行い、怠りによって、たびたび罪を犯しました」と司祭と会衆が一緒に祈るのですが、大勅書ではその中の「怠り」について特に反省するようにと、「いつくしみの特別聖年」の間、促されてきました。

そして（これは極めて古典的でオーソドックスな教えなのですが）、七つの善い行い――「体を使って行う善い行い」と「身体的な慈善のわざ」――が勧められていて、さらに「精神的な慈善のわざ」がやはり七つ、挙げられています。

心身両面で七つずつの善業……　人間は体と心が一つですから、「これは体の行い、これは心の行い」とはっきり分けることはできないでしょうが、「体を使って、心で行う良い行い」と、もっぱら「心を使って、霊的に行う良い行い」とに分けて、七つずつ挙げられているわけです。

どのようなものか、もう一度思い起こしてみましょう。

▽身体的な慈善のわざ

「**飢えている人に食べさせること**」

「**渇いている人に飲み物を与えること**」

「**着るものを持たない人に衣服を与えること**」

「**宿のない人に宿を提供すること**」

「**病者を訪問すること**」

この辺りまでは、わたしたちにとっては「言われなくても通常行っていること」「行うことをそれほど特別だとは思わない行い」だと思います。

「受刑者を訪問すること」

これは、あまり機会がないかもしれません。実は、「牢に訪ねる」という箇所がマタイ福音書の25章に出ています。教誨師《きょうかいし》という仕事もあって、司祭のなかには教誨師の任に当たっている人がいます。

「死者を埋葬すること」

これは、今ではほとんどありませんが、昔はきっと、そのようなことをする必要がたくさんあったのでしょう。戦乱に次ぐ戦乱の時代、死体があちらこちらに放棄されているというような状況が珍しくなかったとき、葬儀屋さんに依頼して埋葬する暇もない状況があったことは容易に想像できます。

幸いなことに現代の日本では、わたしたちが直接、死体を埋葬する場面はありませんが、世界中では今なお、あちらこちらでそのような必要があることをわたしたちは知っています。例えば、シリアからの難民の受け入れをどのようにするかが国際的な問題になっていますが、中近東やアフリカ大陸では、わたしたちが安全な環境に身を置いている今も、たくさんの人が命を落とし、その遺体が埋葬されないという状況があるのです。

以上が、七つの「身体的な慈善のわざ」で、次に挙げるのは「精神的な慈善のわざ」ですが、こちらもまた、心を静め深く黙想したい課題です。

▽精神的な慈善のわざ
「疑いを抱いている人に助言すること」

疑いを持つのは人間の性《さが》でしょうか。いろいろな場合があるでしょうが、疑いを持っている人に助言することが勧められています。

「無知な人を教えること」

人間は無知なものです。どんなに立派な人でも学識豊かな人でも、無知な部分を持っています。無明《むみょう》（明かりがない）な存在であって、人の欠点はよく分かっても自分のことはよく分かっていないものです。イエスもそのように指摘されています。

わたしたちは、他人の問題には敏感です。自分のことは棚に上げ、人のことにはすぐに気付きます。人の悪口というのは楽しいもので、つい他人の悪口に花が咲きますが、誰でも自分の悪口は言われたくないようです。教皇は大勅書の中で、誹謗中傷することの害を指摘しておられます。考えてみると「無知な人を教える」ことの大切さは分かるとしても、本人は自分が無知だと思っていないのですから、これは難しいわざです。

もっとも、単純な事実を教えることは簡単です。「小岩教会に行くには、どのように行けばよいでしょうか」と訊かれて答える――これはあまり難しくはありませんが、人生のいろいろなことを教えるということは、なかなか難しいことであると思います。自分が信じ、実行しているこいないと、人に教えてもあまり効果がありません。親が子どもに教えても、親が実行していないと、子どもには響きません。一般的に言って、教えるという行為は難しいとわたくしは思いますが、本書を手に取っておられるあなたは、そのように思っておられるでしょうか。

「**罪人を戒める**」

これは、さらに難しいかもしれません。罪人が「自分は罪人だ」と思っているときには、戒めの言葉を掛けることも比較的に易しいでしょうが、だいたい、罪人は自分が罪人だと思わないことの方が多いわけですから、その人を戒めるというのは、難しいことになります。

「**悲嘆に打ちひしがれている人を慰めること**」

これは、わたしたちが、普通にしていることです。悲しんでいる人、落ち込んでいる人を慰める――慰めようがないという場面もあるでしょうが、寄り添い、話があれば話を聴く。途中で意見しないで、最後まで聴くことが大切です。「あなたがそんなことだから、そのような目に遭うのだ」などとは口にせず、傾聴に徹することです。

「**諸々の侮辱をゆるすこと**」

これも、難しい善行の一つです。わたしたちはロザリオや十字架の道行を祈るとき、「主イエスが受けた侮辱を思い、侮辱を耐え忍ぶ恵みを祈り求めましょう」と勧められますが、言うのは易しいものの、現実に侮辱されると、それをゆるすことにはなかなか難しいものがあります。

侮辱というほどのことではないにしても、軽んじる、あるいは馬鹿にする、自分を重んじていないと感じるときに、どのように対応すべきか、迷うことがないとは言えません。親が子に対し「親に向かってその態度は何だ」と言いたい気持ち、こころない言葉や態度に直面した司祭や司教の心中に湧く、「オレは何々だぞ」と反論したい気持ち…… 口に出しては言わないけれど、そのような気持ちを抑えて赦すことの必要を、教皇は説いておられるのでしょう。

「煩わしい人を辛抱強く耐え忍ぶこと」

これが、どのようなことか、どなたにも経験があってお分かりのことと思います。しかしこの業が七つの「精神的な慈善」、スピリチュアルな「善い行い」の一つに数えられているということを、わたしたちは「いつくしみの特別聖年」のとき知りました。教皇がわざわざ七つの中の一つに挙げられたからには、特別な意味があるのだと思われますが、これもまた、実行の難しい業だと思います。あなたはどうお考えになりますか。恰好《かっこう》の黙想材料になるのではないでしょうか。

普段、「同じことを何度も何度もくどくどと言う人」「いつ尽きるか分からない愚痴《ぐち》」、あるいは「何をしても満足してもらえない相手」に出会う体験は、どなたにもあるのではないかと思います。ですから、そんな経験をお持ちの方にとっては分かりやすいでしょうが「いかにも実行が難しい善行」です。ところで、しかし他人に煩《わずら》わしい思いをさせているご当人は、自分の行為が相手に煩わしく思われているとは考えていないかもしれません。見方を変えれば、自分がそのようなつもりではなくても、相手がどのように思っているかは分からない、ということになります。人がどのような思いで生きているかということは他人にはなかなか分からない、とわたくしは思います。

「生者と死者のために祈ること」

精神的な善行の七番目は、これです。祈ること自体は誰でも、いつでもできることですが、心を込めた祈りを果たしてどれくらい実行できているでしょうか。

教会は毎年、11月を「死者の月」と定め、特に「死者のために祈る」ことを勧めています。亡くなった人は、日々記憶から薄れていきますが、教会は機会あるごとに死者のための祈りや、ミサを献げることを勧めています。

ご存知のように、ミサの中でも必ず、死者のために祈ります。

他の宗教の中にも、死者への思いを大切にしている宗教は少なくありません。カトリック、あるいは東方教会には、「死者のために祈る」という良い習慣、伝統が保持されています。

また、当然ながら「生者のために祈る」ことも、わたしたちが毎日実行していることです。特に、困難な状況にある人や、病床にある人の快復を願って祈ります。朝、晩、あるいは寝るときに、短い時間であっても、亡くなった人、苦しんでいる人、お世話になっている人のために祈ることは、すばらしい善行です。

「いつくしみの特別聖年」が終わった今、「どのようにいつくしみを実行したか」、あるいは「いつくしみに反することをしなかったか」について自分自身を見つめ直し、究明・反省して、悔い改められることを、あらためてお勧めします。

「神はどのような方なのか」をイエスは告げ知らせた

さて、わたしたちが信じている神様はどのような方であるのかということを、ここで深く思い、考えてみましょう。

わたしたちは、イエス・キリストを救い主として、神から来られた「神からの神」、光の源である天の御父から来た「光からの光」であると信じています。「いつくしみの特別聖年」の中で繰り返し強調された言葉を使うなら、イエス・キリストは「神のいつくしみの御顔《み》、目に見える顔」です。

神は霊ですから目に見えません。しかし、ナザレのイエスという人は、わたしたちと同じ人間でした。罪ということを除き、すべてにおいてわたしたち人間と同じ存在となられました。福音書を開けば人間・イエスの姿が余すところなく紹介されており、人間らしいイエスの姿に出会うことができます。

おそらく、「毎日楽しく過ごす」という面もあったのではないでしょうか。よく食べ、よく飲んだ人だと想像することもできます。弟子たちの集団が毎日どのように暮らしていたのか、どのように食事をし、就寝していたかも窺《うかが》えそうです。旅から旅への毎日、その日その日をどのような所で休んでいたのか。そして彼らの真ん中におられるイエスは、どう過ごしておられたのか――

福音書の行間から想像するしかありませんが、砂漠で非常に厳しい生活をし、蜜とイナゴしか食べなかったというヨハネとは違い、きわめて人間的な生活をしておられたことは事実であると思われます。流離《さすらい》の日々を人間として生活し、弟子たちに「神」についてお話になりました。

イエスが語り明かすその神は「人間を造った父」であり、人々はイエスから聞いて信じたその父を「アッバ」と呼んでいたそうです。アッバとは、日本語なら「おとうさん」という呼称。親しみと信頼を込めた呼び方です。

しかし目には見えませんので、たまりかねたのでしょうか、弟子の一人、フィリッポが、イエスに願いました。

「どうか、わたしに父を示してください。見せてください」（ヨハネ14－8）

フィリッポにイエスは答えます。

「わたしを見た者は、父を見たのだ。こんなに長い間一緒にいるのに、なぜそのようなことを言うのか」（ヨハネ14－9）

さて、イエスが教えられた神が、旧約聖書で自らを現わされた神と同一の存在であることは言うまでもありません。アブラハムに現われた神、イサクやヤコブに現われた神、そしてモーセに現われた神――　みな、同じ神です。

イスラエルの民がエジプトで奴隷とされ、苦しみ喘《あえ》いでいたとき、その叫び声を聞いてモーセを派遣し、イスラエルの民をエジプトから脱出させて、カナの地に定住させたという歴史が「出エジプト記」などに述べられています。「モーセ五書」といって、最初の五つは非常に大切な書物とされ、「神の啓示の書」と言われています。また、イスラエルには預言者と呼ばれる人がいて、神の言葉を伝える役を担いました。預言者たちの言行録も旧約聖書に記録されています。

旧約聖書と言うのは膨大な分量で、とても「一人で楽しく読む」というわけにはいきませんが、手分けして一緒に通読するのは良い方法だと思います。かつて東京教区・上野教会のマルセル・ルドルフ師が編み出した「聖書100週間」という聖書通読法はその一つで、聖書を、新約聖書だけではなく旧約聖書も大切にし、旧約聖書を通読するようになっています。

戒めを授け憤る神、寄り添いいつくしむ神

ところで、旧約の民に現われた神は「戒めを授けた神」とも言われます。「このようなことをしてはいけない。このようにしなさい」と命じ、旧約の民は「それを守り、行います」と約束しました。もっとも、約束はしたものの、結果的に彼らはその約束を守ることができませんでした。それだけではなく、他の神々を「神」として礼拝し、他の神に従うという裏切り、背信行為に奔《はし》ったのです。それでイスラエルの神は「激しい怒り、憤りを発する神」として描かれています。

前述したように神は目に見えませんし、神のことを分かろうとするならば、わたしたちが神になるしかありませんが、神と言うのは、人間を高く超えた存在ですのでよく分からなくて当然です。実際には、神がご自分をいろいろな方法で、いろいろな人を通し、いろいろな機会に現わされています。それを「神の啓示」と言います。しかし啓示によっても「激しく怒る神」について

は、分かりにくいと感じる点があるかもしれません。エゼキエル預言者などが言っていることは、「背信のイスラエル」で、姦淫の罪を犯すイスラエルに対する神の激しい怒りが綴られています。

他方、神は人間の背信を怒るのですけれども、同時にイスラエルへの憐れみをも惜しみません。イスラエルの罪を赦そう、いつくしもうとする神の姿も、旧約聖書の中に描かれています。ですからそのような神、つまり「怒り、憤る神」と「いつくしみ、憐れむ神」という二つの姿が、同じ神の葛藤という形で描かれているということを、読む者に強く印象付けることになります。

ここで付け加えておきますと、哲学的思考を特色とするギリシャ人の考える「神」は、極めて観念的な神です。人間は怒ったり、悲しんだり、落ち込んだりしますが、神がそのような人間的な感情に囚われるはずがない、と思うわけです。ギリシャ人に言わせれば、神は完全な存在ですから、足りないところはありません。足りないから求めるのであれば、それは神ではないということになります。動くことがない、変わることもない——不動・不変と言いましょうか——怒ることなく、悲しむことなく、憐れむこともない。神が心というものを持っていてその心中で葛藤するというようなことは、ギリシャ人の神に対する考え方にはないと思います。

ところが、今から遡《さかのぼ》ること2000年前、イエス・キリストがこの世に生を受け、福音を述べ伝えました。イエス・キリストの活動期は、旧約聖書の歴史（ダビデが紀元前1000年頃の人と言われていますから、さらにその前に1000年も2000年も歴史があるのですが）に比べれば、ほんの一瞬でしかない短い期間です。

ともかく、イエス・キリスト誕生以前の時代にヘブライ人が理解した「神」は、イエスによってさらに高められ、深められたのでした。イエスその人の時代に引き寄せて考えても、らくだの毛衣を着て野蜜とイナゴを食べている洗礼者ヨハネの姿を旧約に、また弟子たちを相手にときには楽しく食べたり飲んだりしているイエスの姿を新約に置き換えれば、その違いは対照的です。これは今のところわたくし個人の感想ですが、旧約と新約の違いを表わす象徴的な姿なのかもしれません。

以上をおさらいしますと、神様という存在は、人間が目で見て分かるものではないので、それぞれ勝手に思っていたところへ、「神様はこのように思っておられる」と言う預言者が幾人も現われ、その教えがだんだん広まっていきます。

その体験の出発点は、本書中ではしばしば指摘してきたとおり、「バビロン捕囚」という非常に厳しい体験です。イスラエルの国は、北のイスラエル、南のユダに分かれていたところ、まずイスラエルが滅ぼされ、ユダも滅ぼされてしまって、ユダの国の王をはじめ指導者らはバビロンに連行され、そこで捕囚生活を余儀なくされる、そのような深刻な体験の中で、彼らの宗教体験が深められ、旧約聖書の原型がその時代に作られたと言われます。

旧約聖書の書物は、ずっと後代にできた巻き物ですが、その記録の中で、神様とはどのような方かということについての理解が深まっていきました。このような流れの中に、前述の、例えばホセアという預言者が位置付けられています。（第2章第2節参照）

再度、耳を傾けてみましょう。「神であって、人間ではないから、怒りに任せてイスラエルを捨て、滅ぼし尽くすということをしない」という言葉は、あたかも自分を宥《なだ》めているようです。『人間ならばそうかもしれないが、神だからそのようにはしない』と、自分に言い聞かせているような表現です。

わたしたち人間の間でも、これに似た場面はないでしょうか。腹が立って仕方がないけれども、腹立ち紛《まぎ》れにそうするようなことはしない……　腹立ち紛れに行動することに、理性的な人はブレーキを掛けます。そうしたい動機はいろいろあるでしょうが、その人々をいつくしみ深く思うから、滅ぼすことはしない、滅ぼすことはできない――という心の動き。その人たちの現状を良いと思うわけではないし、むしろ非常に良くないと思いながらも、だからと言って、その存在をすべて抹消《まっしょう》するということはしない、という判断をして思いとどまった経験をお持ちの方は少なくないと思います。

考えてみると、人間というものは、みな不完全なものです。したがって、わたしたちが自分を顧みるとき、完全に神様のみ心に適ったことを行っている、あるいは、み心に適わないことを行っていないとは、残念ながら言い切れません。神様のみ心自体、そのすべてを人が分かっているとは言えないわけで、また、分かったから実行できるかといるというと、分かっても完璧に実行することは難しいというのが本音でしょう。人間の心は複雑で、あのようにも、このようにも思い惑うものです。「思っただけでダメだ」と言われたら、悪い思いを持っただけで罪だとしたら、だれも神の前で清くあることはできません。

ただ、思っただけでは断罪されるというわけではありません。むしろ、自分の思いにどのように向き合ったかによって、わたしたちの責任は問われるわけで、人間がこの世を生きている限り、いろいろな思いが湧いてくる心の動きを避けることはできませんし、そのこと自体が神のみ心に背く罪であるということにはならないのです。そのような思いが全然ない人も、たまにはいるかもしれませんが、この世にある限り、それは避けられません。

そのような人間の性を見て、神は「憐れみに胸を焼かれ」「葛藤する」のだと預言者たちは言っています。神とはそのような方なのです。エレミヤは神について、「わたしたちを見て胸を焼かれる思いを抱かれ、葛藤してくださる存在である」と、詳しく述べています。

知恵の書が謳う「神」に見出す希望と救い

さらに旧約聖書を開いてみましょう。イエス・キリストが人類の歴史に登場する直前、旧約聖書のうち紀元前1世紀の出来事を記録した「第二正典」と呼ばれる巻き物があります。他のキリスト教各派では第二正典を「聖書」のうちに数えていないところもあるようですが、その第二正典には「マカバイ記」「集会の書」「知恵の書」などが含まれており、わたしたちが集う日曜日のミサでは、C年の年間第31主日の第一朗読で「知恵の書」が読まれます。

「知恵の書」は紀元前1世紀の間に、エジプトのアレキサンドリアで成立したもので、その地にはユダヤ人が多数移住していたことが知られています。

ユダヤ人の言葉はヘブライ語（後代には「アラマイ語」とも呼ばれました）でしたが、「知恵の書」は最初からギリシャ語で書かれたという説もあります。その「知恵の書」では、次のような教えが述べられています。

全能のゆえに、あなたはすべての人を憐れみ、
回心させようとして、人々の罪を見過ごされる。
あなたは存在するものすべてを愛し、
お造りになったものを何一つ嫌われない。
憎んでおられるのなら、造られなかったはずだ。
あなたがお望みにならないのに存続し、
あなたが呼び出されないのに存在するものが
果たしてあるだろうか。

命を愛される主よ、すべてはあなたのもの、
あなたはすべてをいとおしまれる。（知恵の書11、11－23〜25）

この部分は、フランシスコ教皇が「いつくしみの特別聖年」の大勅書にも引用された箇所です。この世に存在するものはすべて神のみ心によって神がお創りになった、人間は神の似姿、神に似せて造られた神の作品である、と「創世記」は教えていますが、その神と人間の関係において、神が人間に懸けられている思いを、「知恵の書」第11章は述べています。

そんな神の思いを知ってか知らずか、人間は歴史上、いろいろな問題を引き起こしているのが現状です。地上に存在するいろいろな悪や欠点――戦争をはじめ大量殺戮《さつりく》、環境破壊、飢餓、貧困など――は多くの場合、人間が引き起こしているものです。それを思うと、自己嫌悪に陥ってしまう人が現われるのも無理はありません。自分の存在に対する絶望的な気持ちを持て余し、そんな自分がこの世にあることにどのような意味があるのだろうかと自暴自棄になる心情は、やがて「セルフ・ネグレクト」にまでつながっていきかねません。

そのような人間を哀れにも愛おしくも思われる神が、福音に先立って「知恵の書」の中でも、希望と救いを与えておられるのです。

「十字架上の犠牲」は、いつくしみのわざの表われ

人間の大切な課題は、自分が何のために存在し、自分が生きることにどのような意味と価値が

あるのかということに尽きます。したがって、「自分に価値があること」に疑問を持たない人は、わざわざ問いかけることはしません。

つまり人は、両親から、家族から、周囲から大切な存在として認められ、育てられていれば、わざわざ『自分は何のために存在しているのか』などと考えずに済むのです。しかし残念なことに、多くの場合、「なぜ自分は、このような目に合わなければならないのか」と思うような体験を持つ人の方が、はるかに多いことを認めざるを得ません。

そのような現実の中で、「創造主である神様がおられる」「その神様は、どのような人も嫌われない。それどころか、いつくしんでくださる」と知恵の書は告げています。その言葉に信頼し、いつくしみを確信する態度を失わないのが「信仰」です。

そうは言っても、『なかなか受け入れがたい』と逡巡《しゅんじゅん》する心情の揺れから逃がれることは容易でないかもしれません。そんなわたしたちに、神はそのいつくしみのわざを完璧な形で、それも端的に表わしてくださいました。それが「イエス・キリストの十字架上の犠牲」という出来事でした。イエスの死は「神のいつくしみのわざ」の頂点です。

わたしたちが、頭で分かっていてもできないことの一つは、「罪を憎んで人を憎まず」という態度の堅持でしょう。悪いことは悪いわけで、悪いことをした人とその罪状を区別することは至難の業ですが、間違いを犯す人を大切に思い、いつくしみ深く思い、その人を退けないどころか、その人のために良いことをする、その人からひどい目にあっても仕返ししない、極端な場合、殺されても構わない――思いつくままに挙げただけでも、「罪を憎んで人を憎まず」の実践がいかに難しいかが分かります。

『そんなこと、冗談じゃないよ』というのが、普通の人間の気持ちだと思いますが、「イエス・キリストの十字架」という出来事は、「自分を迫害する者のために祈りなさい」とわたしたちに語り掛けます。挨拶してくれる人に挨拶を返したところで、それは誰にでもできること、何の手柄にもならないのであって、「自分に敵対する人のために祈り、その人のためになることをしなさい」という、イエスがご自分の十字架上の死を通して諭された教えは、わたしたちに根本的な〝発想の転換〟を求めているのです。なかなか実行が困難であると感じられるでしょうが、それが本物の愛なのだ、と神はごくシンプルな形で示しておられます。

イエスは十字架上で、棘《とげ》のいっぱい付いた茨の冠を被《かぶ》せられ、その痛みに苦しみながらも処刑係の兵士のために祈られました。棘は人を刺し、人に痛みを覚えさせるわけですが、罪ある人、あるいは足りないところのある人を受け入れる、愛するということは、その人の棘《とげ》を受けるということです。

「いつくしみの特別聖年」を通して、わたしたちは多くのことを学びました。「いつくしみのわざを行いなさい」という神様の促しに応えることの難しさを思い知ったのもその一つです。楽しいわざ、何の苦しみもないわざであれば実行はたやすいのですが、イエスの教えは必ずしもそうではありません。「痛みを覚えても相手をいつくしみなさい」という勧めなのです。

具体的に、どのようにしたらよいのでしょうか。そんな課題を念頭に置いて聖書を読んでみると、神は、痛みも痒《かゆ》みも感じずに平然と人を愛しておられるのではなく、身悶《みもだ》えするほどの苦しみを味わいながら人間を愛しておられることが分かります。

わたくしは最近、『神よ、あなたも苦しまれるか』という変わった題名の本を読みました。〝神は苦しまないから神だ〟という考えを捨てる必要がありそうです。「苦しまれるから神なのだ」というように、逆に考えるべきなのです。「『苦しみ』や『悲しみ』という言葉は神の辞書にはない」という発想を脇に置き、「神であるということと『苦しむこと』『痛みを覚えること』『悲しむこと』は一致する」と考え直してみましょう。そうすれば、「わたしたちが与える苦・痛・悲・哀を丸抱えにしながらわたしたちに寄り添っておられるからこそ、神様なのだ」ということになります。

その証拠に、聖人と呼ばれるのは、そのような生き方を貫いた人です。〝人間が当面する問題などに心を煩《わずら》わせることなく、感じることもなく、平気でそれを超越して生きた人〟というわけではありません。

聖人とは、人間が生きる上でつぶさに味わうさまざまな悩み、苦しみ、悲しみを知って真正面から受け止め、神への信頼へと昇華し得た人なのです。

人となった神であるイエス・キリストは、人間としてそれを体験されました。それゆえ、わたしたちの苦しみを、よくご存知です。

思い返してみますと、「いつくしみの特別聖年」のとき使われた言葉の中に、「深く同情する」と訳される箇所がありました。人間の体、とくに内臓に由来する言葉として「スプランクニゾマイ」というギリシャ語があります（そういえば、「断腸の思い」という言葉がありますね）、自分のこととして深い悲しみ、強い痛みを覚える――という意味なのだそうです。わたしたちの信じる神について〈いつくしみ深い神〉というときそれは、〝全く鈍感で痛みということには何の共感も持たれない〟ということではありません。〈痛みや苦しみを知り、深く同情する存在〉、それが神であるということを、繰り返し強調しておきたいと思います。

現下の日本社会で「イエスの教え」は受け入れられるか

わたしたち「神の民」は全員、そのような神のいつくしみを周囲の人々に表わし、伝えるという使命を受けています。換言すればそれを「福音宣教」、あるいは「福音化」と言うこともできます。

通常、「福音宣教」と言えば司教や司祭、奉献生活者が、その召命として行うことだと受け止められていますが、洗礼を受けたすべての皆さんは、神のいつくしみを生き、伝えるという務めを果たすべき使命を帯びておられるのです。

その使命を果たすため、小教区でいろいろと役割分担しながら、実行しておられる方も少なくないでしょう。実際、司祭が一人で何もかもすることは不可能ですし、信仰講座や入門講座などでも、それを引き受ける準備をし、行うよう心掛けていただきたいと願っています。そのためお役に立つよう、教区でもそのような使命遂行の準備をする方のための講座や、入門講座の担当者、協力者を養成するための講座開設に向け、物心両面での支援をしたいと考えています。

また、そうした働きの実りとして、「初めて教会に来た」という方々を温かく親切に迎える用意がなければなりません。

それはすでに、皆さんがしておられることかもしれませんが、教会の門を潜《くぐ》って来られる方の動機や理由はさまざまです。必ずしも、すぐ信者になりたいと思っておられるわけではないでしょう。今の時代、精神的な傷を持った人も少なくありません。そのような方にどう接したらよいかについて、東京教区のように優先課題の一つに掲げているところもあります。「心の傷を持った人への対応」については専門知識を持った人材を準備する必要があり、担当するチーム編成が急がれているところです。

それにしても、金権至上主義に塗《まみ》れ、刹那《せつな》的な快楽が喧伝《けんでん》されている日本の社会で、「イエス・キリストの教え」を、どのように伝えていったらよいのでしょうか。イエスの教えのどのような部分が人々の琴線に触れ、どのような点が受け入れがたいのか、疑問があるとすればそれはどのような点なのか……　そのようなことについて、司教・司祭・奉献生活者と信徒の皆さんの間で課題を共有し、切磋琢磨しながら、ご一緒に歩みを進めてまいりましょう。

注：再度、以下に引用しておきます。

ああ、エフライムよ
お前を見捨てることができようか。
イスラエルよ
お前を引き渡すことができようか。
アドマのようにお前を見捨て
ツェボイムのようにすることができようか。
わたしは激しく心を動かされ
憐れみに胸を焼かれる。
わたしは、もはや怒りに燃えることなく
エフライムを再び滅ぼすことはしない。
わたしは神であり、人間ではない。お前たちのうちにあって聖なる者。
怒りをもって臨みはしない。（ホセア11－8～9）

結びのことば

このたび、フリープレス社・山内継祐氏の協力により本書を上梓する運びとなりました。何よりまず山内氏に感謝し、同時に多くの方々のご支援とお祈りに感謝申し上げます。

序文で申し上げましたように、順序が逆になるかもしれませんが、手に取っていただいた皆さまに福音を味わっていただくにあたり、ここに筆者本人の入信の動機、経緯をごく手短に記します。

なぜわたくしはキリスト者になったのか

今振り返ってみますに、少年期・青年期の人生への懐疑と不安、さらに厭世観に起因しているように思います。

その時代、わたくしは人生の無意味に悩んでいたのです。

千葉県の山間部で生を受け成長したわたくしは、自分の人生を明るく受け止めることができず、人生に対する態度がすべからく否定的、消極的でした。社会の悪に嫌悪し、家族関係でも苦悩しておりました。高校を卒業したら文学、哲学などを勉強し、人生の諸問題について思索を重ねたいと願っておりました。

高校の英語の先生に熱心なキリスト教信徒がおられ、聖書の存在を知りました。先生は、「聖書には人生の意味が書いてある」と言っておられたと思います。しかし、その言葉に啓発されて聖書を読んでも、何が何だか分かりませんでした。そのころラジオで「ルーテルアワー」という番組があり、通信講座がありましたのでそれを受講し、キリスト教の少しは分かりかけてきました。

大学入学後、幾つかの教会に行ってみました。ある教会で「洗礼を受けるにはどうしたらいいのですか」と尋ねると、「いつでも受けられます」という返事でした。深い考えもなくそのまま受洗したのです。

しかし、その後も、人生の方向に行き暮れ迷いを重ね、いったん故郷に帰省し、再度上京して入学し、渋谷の美竹教会に通うようになりました。あの時代、本当に楽しく充実した青春と信仰生活をすることができたことを思い起こし、当時の美竹教会の皆さんには今でも感謝の念を抱いております。

ただ、その時代に、困った問題に遭遇しました。それは「二重予定説」という教えにかかわる問題でした。暗い運命論に陥りがちのわたくしはキリストの教えに光を見出したわけですが、ここでまたもや、心が闇に覆われそうになりました。信仰と迷信の区別はどこにあるのか？　信じる根拠は何であるのか？　人間には自由意思があるのか？　あると思っていてもそれは幻想ではないか？――などの疑問が次々と湧いてきました。牧師の先生に聞いても、はかばかしい回答は得られませんでした。

折しもカトリック教会では第二バチカン公会議開催中でしたが、わたくしはたまたまカトリックの司祭に出会い、カトリック教会の教え、特に神の恩恵と人間の自由意思の関係についての説明を聞き、岩下壮一師の『信仰の遺産』などの良書を読んで、理論的・観念的にカトリックの信仰理解に同意したのです。「理論的」という部分は後々まで尾を引きました。頭で理解したのであって、心からの信仰体験とは言えなかったように思います。

わたくしの信仰は、復活の信仰から始まりました。もちろんイエスの復活の現場を体験したわけではありません。復活を体験した弟子たちが述べた証言を信じた人々が教会となり、現代につなげてくれているわけです。「復活の光を仰ぐ」ということがわたくしの信仰生活の中心となりました。

復活の信仰を明るく、しっかりと、危なげなく、そしてけなげに生きている司祭、信徒、奉献生活者との交わりがわたくしを支え導き育ててくれました。いまあらためてその方々に御礼申し上げます。

そのようなわけで、本書では、復活の証言を重要と考え、かなりの部分をそれに充てました。自分自身の中の闇と、世界の不条理の問題が、霧散解消したわけではありません。いまでもその問題の中にいますが、復活の光を受け、主イエスの再臨、宇宙の完成のときの到来を信じ希望して日々歩んでいます。

いまわたしたちが復活の信仰を保つことができるのは、聖霊の導きを受けているからでありす。聖霊の導きによって、いつでもどこでも主キリストと共に歩むことのできる恵みに感謝します。

2018年降誕節

著者

■本書原稿の初出一覧

※本書収載各稿の初出／本書では、左記の機会に叙述した稿に加筆修正しました。

▼第一章　神／２０１７年７月８日の群馬県太田教会における研修会の講話
▼第二章　悪と罪／14年7月20日の桐生教会における説教
▼第三章　イエスの復活／ヨハネの福音で知る弟子たちの復活体験／18年4月8日、茂原教会での説教
▼同章　弟子たちの復活体験／15年4月19日、高崎教会での説教
▼同章　ペトロに現われた復活のイエス／13年4月14日、神田教会での説教
▼第四章　折々に福音を読む／イエスの誕生／13年12月21日東京教区「アレルヤ会クリスマス会」ミサ（本郷教会）
▼同章　神の母マリア／14年1月1日、東京カテドラル「元旦ミサ」説教
▼同章　荒れ野で誘惑に遭ったイエス／13年2月17日、四旬節第1主日ミサ説教（関口教会）
▼同章　イエスの宣教開始／13年1月27日、年間第3主日ミサ説教（潮見教会）
▼同章　主の祈り／13年7月28日、年間第17主日ミサ説教（浅草教会）
▼同章　十字架／13年6月23日、年間第12主日ミサ説教（本郷教会）
▼同章　慈悲深いということ／13年3月10日、四旬節第4主日ミサ説教（市川教会）
▼同章　「深い同情」とは／13年6月9日、年間第10主日ミサ説教（赤羽教会）
▼同章　重荷を負う人に向けられる言葉／17年7月9日、年間第14主日ミサ説教（茂原教会）

▼同章　徴税人や娼婦への眼差し／17年10月1日、年間第26主日ミサ説教（調布教会）
▼同章　洗礼の勧め／18年3月31日（浦和教会）
▼第五章　平和　第1節／17年平和旬間での8月13日「茨城地区ミサ」説教（カトリック友部教会）
▼同章　第2節／18年8月4日、広島教区「平和祈願ミサ」説教
▼同章　聖母の訪問／17年5月31日、聖母の訪問の祝日、東京教区「アレルヤ会総会」中のミサ説教
▼第六章　慈善のわざ／16年12月4日、東京・小岩教会での「待降節黙想会」での講話

【著者略歴】**岡田武夫**（おかだ たけお）

1973年　カトリック司祭叙階

1991年　カトリック浦和教区（現・さいたま教区）司教叙階

2000年　カトリック東京大司教就任（2017年まで在任）

2013年　さいたま教区管理者・兼務（2018年まで在任）

現　在　カトリック本郷小教区管理者（2019年4月より）

東京都文京区本駒込5-4-3　カトリック本郷教会

イエスの福音への招き　　定価（本体1,200円＋税）

発行日　2019年1月31日

著　者　岡田武夫　

編集人　諸田遼平

発行者　山内継祐

発行所　株式会社フリープレス

東京都文京区関口1-21-15

☎03-3266-1121　Fax03-3266-1123

e-mail　info@freepress.co.jp

Web Site　http:/www.freepress.co.jp/

印刷所　倉敷印刷株式会社

販　売　株式会社星雲社　ISBN　978-4-434-25722-3　C0016

printed in Japan　